BOLESLAW TABOR

PRAWDA

jak

kolnięcie w oko

Prawda jak kolniecie w oko

napisal

Boleslaw Tabor

Pierwsze wydanie

Projektant okladki:

Boleslaw Tabor

Korekta:

Wieslawa Tabor

Published by:

Lulu Inc.

www.lulu.com

ISBN: 978-1-105-39820-9

Table of Contents

Wstep.

Wprowadzenie .

Na poczatek pare slow o mnie.

Ostatnio pracuje nad moja pierwsza ksiazka. Bardzo ciezko mi to
przychodzi oraz bardzo powoli. W pewnym sensie jestem
dumny z tego. Gdy skoncze to zamierzam przeczytac druga
ksiazke a pozniej kto wie moze jeszcze jedna.

Dedykacja.

Dedykuje ta ksiazke wszystkim ktorzy byli dla mnie inspiracja
oraz tym ktorych charaktery i postawy sa tutaj opisane.

Prolog.

Gdy przestalem pracowac okazalo sie ze mam wiecej czasu i moge sie zastanowic na wieloma sprawami.

Nigdy wczesniej nie interesowalem sie polityka ale ze wzgledu na wydarzenia z roku 2001 trudno bylo o tym nie myslec. Sluchajac rozne srodki masowego przekazu na przerozne glownie ekonomiczne tematy zaczelo mi sie wydawac ze w tym wszystkim chodzi o cos calkiem innego. W czasie dyskusji rozmyslamy bardzo szybko i wysnuwamy pochopnie wnioski. Nie ma wiec mozliwosci na zglebienie tematu. Pozniej zaczalem jeszcze raz rozwazac te same glownie ekonomiczne tematy zapisywalem na papierze liczby oraz usiluwalem zrozumiec proporcje, skutki i przyczyny. Zapisywanie zmusza nas do pewnego stopnia systematycznosci oraz do spokojnego dajacego czas na przemyslenia zajecia sie liczbami.

Okazalo sie ze liczby przedstawiaja nam wiele tematow w calkiem innym swietle. Zaczalem sobie wyrabiac zdanie o przyczynach, przebiegu oraz skutkach roznych wydarzen. Zaczalem sluchac, ogladac, czytac rozne programy oraz artykuly w mediach. Wiadomo ze media nie sa po to aby nas informowac o czymkolwiek. Media sa po to aby nam wmowic opinie taka jaka wlasciciel mediow chce. Z tego powodu gdy media zaczely bez przerwy cos powtarzac to bylo wiadomo ze to nie jest prawda. Zaczalem wtedy zastanawiac sie dlaczego to nie jest prawda. Najbardziej rzucajace sie na nasze zmysly bylo twierdzenie ze tak zwane stymulusy czyli dostarczanie pieniedzy lub umarzanie ich dlugow tym ktorzy sa zadluzeni powoduje inflacje. Wydaje sie to rozsadne ale skoro media tak nam wmawiaja wiec jest pewnosc ze nie o to chodzi.

Pewnego dnia zaczalem przeliczac dlugi bankowe, zadluzenia ludzi nie splacajacych pozyczki na zakup domu i wtedy okazalo sie ze banki nigdy nic nie starcily na tej sytuacji. Zreszta juz pare lat wczesniej gdy zauwazylem ze banki zmienily zasady dawania pozyczek to znaczy ze za naszymi plecami panowie swiata cos planuja. Wtedy jeszcze nie wiedzialem o co moze im chodzic a takze nie mialem ani czasu ani ochoty o tym myslec. Teraz gdy zaczalem sie nad tym zastanawiac zaczalem rozmyslac jak to jest z pokryciem pieniadza w zlocie oraz calym rynkiem swiatowym. Po dluzszych przeliczeniach, rozmysleniach a nawet probach dyskusji ze znajomymi na ten temat zaczal do mnie docierac calkiem inny obraz ekonomiczny.

Na przyklad jeden aspect sytuacji na rynku amerykanskim jest powiazany z wieloma innymi tematami wiec musialem przynajmniej pobieznie rozpatrywac wiele zagadnien. Po dojsciu do wnioskow zapisywalem moje spostrzezenia a pozniej jesli zaszla potrzeba to je modyfikowalem. Wszystkie moje zapiski byly rozdrobnione na drobne odzielne kawalki co utrudnialo sprawdzenie co tez uprzednio na dany temat napisalem. Wtedy zaczalem je grupowac w jeden document.

I tak od czasu do czasu gdy cos wykombinowalem na jakis temat to dodawalem do calosci ktora z wolna rosla. Moje zapisane mysli nie sa bardzo uporzadkowane oraz wiele rozwazan zaklada przyblizone wartosci oraz sytuacje. Wartosci liczbowe oraz sytuacje bralem z duzym zapasem bledu aby upewnic sie ze nie przekrecam faktow. Uwazam jednak ze gdyby ktos skorygowal wszystkie liczby do aktualnych wartosci z rzeczywistych sytuacji to wnioski pozostalyby te same.

Moje opinie i wnioski sa bardzo kontrowersyjne a takze czesto przeciwne do powszechnie uznanych opinii. Jest tak glownie dlatego ze wiekszosc ludzi nie ma czasu na zastanawianie sie wiec powtarzaja zaslyszane takie zdania ktore wydaja sie prawdopodobne. Przekazujac wiadomosc z ust do ust historia robi sie coraz barwniejsza a gdy dotrze z powrotem do kogos kto uprzednio ja wyslal do innych wtedy ten ktos zaklada ze wszystko co kiedys powiedzial jest prawda.

Wiele powszechnych opinii jest falszywych ale wielkszosc z nas nie przyzna sie do tego a nawet my sami sobie wmawiamy ze jest tak jak mowimy. Zdarza sie w mediach a glownie pod internetem na Youtube ze ktos porusza te same co ja drazliwe tematy i rzuca swiatlo na dodatkowe aspekty. Jednak to wszystko nie jest do konca prawda poniewaz gdyby ktos umiescil prawde to prawda zostalaby natychmiast usunieta a autor popadlby w bardzo powazne nawet zagrazajace zyciu klopoty. Dzieje sie tak na kazdym szczeblu publicznym. Ci ktorzy walcza ze zlem to walcza tylko odrobine a nigdy nie powiedza publicznie o oczywistych latwo sprawdzalnych faktach poniewaz spotkalyby ich surowe represje.

Dla ludzi ktorzy nie zastanawiali sie zbytnio nad poruszonymi przeze mnie tematami na pierwszy rzut oka wszystko moze byc tak drastyczne jak kolniecie w oko. No i juz mam tytul.

Zycze powaznych rozwazan, zastanowienia sie nad tym co nas otacza. Mam nadzieje ze rozwoj swiadomosci moze nas kiedys uratowac przed trudna sytuacja.

O dolarze prawie wszystko.

Wstep do rozwazan o pieniadzach.

Wlasnie z miesiac przed 2002 rokiem gdy juz nie pracowalem byl program na PBS u drukarzach. Pozniej mi sie to wszystko poukladalo w sens.

Widzialem tez jakis filmik na youtube o pieniadzach.
Facet w tym filmie bardzo ladnie sprecyzowal gdzies od 23 do 25 minuty to co ja chaotycznie powtarzalem.
Tak jak ten przyklad z bankiem, budowniczym, robotnikiem, domem gdzie pieniadze powstaly z niczego i to sie kreci a pracownicy zwlaszcza bankowi nie rozumieja nic bo dbaja aby lewa strona rownala sie prawej.
Wlasnie jest tak jak pisalem o wielkim przemyslowcu ktory gdy potrzebuje pieniedzy to kaze prezydentowi aby mu dal. Poniewaz prezydent nie ma wiec ten sam czlowiek drukuje nowe pieniadze i pozycza prezydentowi.
Jak kiedys Kobuszewski w kawale mowil ze Polska jest zadluzona, Niemcy, Rosja, Ameryka tez wiec jesli wszyscy maja dlugi to u kogo. No wlasnie ktos zmyslil i wydrukowal pieniadz, z niczego zrobil niby cos i pozyczyl.
W dalszej czesci nie zgadzam sie z tym facetem z Youtube. Po pierwsze swiat sie powiekszyl wiec mamy o wiele wiecej transakcji niz kiedys wiec potrzeba wiecej pieniedzy na te transakcje i to nie powoduje inflacji. Po drugie z tym zlotem to tez nie prawda bo po pierwsze raz zloto warta garnitur i buty ale w czasie wojny kobieta musiala dac pierscionek aby dostac dla dziecka bochenek chleba wiec wartosc nie jest taka sama. Z drugiej strony to zloto nie rozni sie niczym od innego papierowego pieniadza poniewaz zloto samo w sobie prawie (te pare polaczen elektrycznych to nic) nie posiada wartosci.
Z drugiej strony nie ma tyle zlota na ziemi aby wszystkie transakcje mogly byc wykonywane w zlocie.

Ktos musi wypuscic pieniadz dla transakcji. Musi to byc ktos bardzo mocny aby mogl utrzymac wartosc pieniadza (zapobiec aby nikt inny nie zrobil swojego pieniadza lub ktos mocniejszy mogl zadecydowac ze nie jego pieniadz warta mniej). Dlatego drukarze chcieli miec prawo drukowania aby stac sie mocni (sprzezenie zwrotne/positive feedback). To nie jest tak ze ci co drukuja sa bogaci poniewaz moga drukowac sobie ile zechca. Bogaci sa bo sa mocni a mocni sa poniewaz oni wlasnie decyduja ile wydrukowac, ile spalic.

Kolejna sprawa to ze gdyby dolar zostal zamieniony na konstytucyjny to od razu jest problem na swiatowym rynku. Ktos we Francji sprzedalby cos Ameryce a za uzyskane pieniadze moglby tylko kupic cos od Ameryki. I tak miedzy kazdymi dwoma krajami. Poniewaz dolar jest miedzynarodowy to gdy Polska sprzeda cos Czechom to nie musi sie martwic co za te pieniadze od Czechow moze kupic bo moze za te pieniadze kupowac od np Arabow.

Zaden pieniadz czy konstytucyjny czy panstwowy niczym sie nie rozni. Tylko handel wymienny towar za towar lub usluge moglby to zmienic ale trudno byloby pojedynczemu czlowiekowi przywozic banany z Afryki i wymieniac je na telewizory w Japonii.

Z drugiej strony gdyby dolar byl panstwowy to kazdy rzad by staral sie nachapac bez zastanowienia co sie stanie z dolarem poniewaz mogliby chapac tylko do konca kadencji a pozniej inni by chapali. Teraz zielony jest wlasnoscia prywatnych ludzi wiec oni bardziej o niego dbaja. To jest cos w rodzaju krolewskiej dynastii gdzie syn zastepuje ojca wiec kazdemu krolowi zalezy aby utrzymac dynastie w mocy a co za tym idzie pieniadz w mocy.

To ze jak tak dalej pojdzie to beda bogaci mieszkac w palacach a ludzie beda ciezko pracowac to nic nowego. Zawsze tak bylo. Bogaci sa mocniejsi wiec z reszta ludzi moga zrobic prawie co zechca. Po to sa organizacje zwane panstwami aby mocni/bogaci/uprzywilejowani mieli przywileje... wyegzekwowane przez wojsko i policje. Nic nowego.

Najwazniejsza rzecza o ktorej facet z Youtube nie wspomnial jest, ze po to sa gieldy aby moc zrobic krach lub maly kraszek zwany korekta. Korekty zawsze odbieraja biedniejszym. Korekty sa po to aby i pieniadz i niby wartosciowe akcje znalazly sie w tych samych rekach a wtedy mozna spalic pieniadze.

Zamienic przywodcow na innych przywodcow? Co to da? Moze tylko nowa miotla lepiej zamiata na poczatku. Ludzie sa zwierzetami stadnymi i potrzebuja kierownikow stada aby im powiedzieli co robic. Przywodcy zawsze beda czerpali coraz wiecej i wiecej korzysci az wiele ludzi sie zbuntuje i zrobi nowych przywodcow.

Bardzo duzo prawdy w tym przemowieniu pod Youtube ale nie cala prawda.

Duzo szumu o pieniadzach.

Ostatnio zaczal mnie intrygowac pieniadz.

Rozwazmy zielonego dolara bez brania pod uwage jaki to ma wplyw, skutek na ludzi.

Ostatnio duzo mowi sie, ze stymulusy napedza inflacje i zielony dolar straci wartosc. Jakos tego nie widac. Zawsze gdy sie o czyms mowi w mediach to wtedy zawsze chodzi o cos innego. Zaczalem o tym myslec bez znajomosci rzeczy. Wszyscy zwykle jestesmy w jakiejs sytuacji i rozwazamy z takiego punktu widzenia glownie po to aby wyjsc jak najlepiej. Czesto aktualna sytuacja jest tak zamazana w stosunku do perspektywy prawdy ze nie wiemy co myslec.

Przykladem sa podatki od nieruchomosci. Gdy ludzie nie maja na placenie podatkow to sie im robi jakis maly przekret aby ich pocieszyc i zachecic do glosowania. Przekret uderzy ich jeszcze bardziej za rok czy dwa. Prawda jest taka to za co placa podatki od nieruchomosci nie ma zwiazku z domami a tym mniej z wartoscia domow wiec nie powinny byc z domem zwiazane. To cala inna historia.

Wracajmy do zielonego dolara.

Na wstepie wspomne, ze wydrukowany dolar nie jest wazny a liczy sie tylko udowodnione jego posiadanie. Podobno przed wojna i tuz po II wojnie ludzie szli z walizka pieniedzy do ambasady, tam palili je, dostawali kwit o spaleniu a po wyjechaniu do Ameryki odzyskiwali wartosc chociaz nie wolno bylo zielonych wywozic z naszego kraju.

Czy ludzie tracili na subprime pozyczkach na domy?

Po pierwsze celem tej historii jest glownie aby narobic szumu. Po drugie te pozyczki byly na minimalny zadatek lub bez zadatku. Ci ludzie ktorzy nie mieli w tamtym czasie szansy na kupienie domu dzieki subprime kupili sobie domy i w nich mieszkali przez kilka lat. Jesli dalej splacaja to moga mieszkac. Jesli ich nie stac splacac to musza opuscic domy w ktorych nigdy by nie mogli mieszkac w innym przypadku. Z tego wynika ze ci ludzie zyskali na tym.

Mogli stracic tylko tacy ktorzy juz wczesniej miszkali w domach, mieli je w znacznej czesci splacone a nie rozumiejac o co chodzi zamienili sobie pozyczke na subprime czyli po okresie splacania dlug byl wiekszy niz na poczatku. Jesli wartosc ich domu spadla krytycznie duzo a teraz nie moga odnowic kolejnej pozyczki to moze stracili. Mysle ze takich ludzi jest bardzo niewiele lub wcale ich nie ma.

Czy banki bankrutuja z powodu ludzkich problemow ze splacaniem pozyczek na dom?

Podobno w Ameryce banki nagminnie bankrutuja z powodu pozyczek na dom.

Rozwazmy prosta sytuacje poczatkowa.

Budowniczy chce wybudowac dom I pozycza z banku $300,000 na 5%.

Z banku wydano $300,000.

Cala pozyczona sume budowniczy placi robotnikowi, ktory buduje dom. Powiedzmy za 3, 4 lata budowa jest ukonczona.

Dom jest wystawiony na sprzedaz za $600,000. Dom ten moze kupic tylko robotnik ktory zarobil te $300,000 poniewaz w naszym teoretycznym swiatku tylko robotnik ma pieniadze. Aby kupic dom robotnik pozycza z banku $300,000 na 5%.

Z banku wydano $600,000.

 Swoje zarobione oraz te z banku pieniadze robitnik daje budowniczemu. Budowniczy splaca swoj dlug to znaczy oddaje bankowi $345,000.

Po transakcji z banku wydano $255,000 ktore ma budowniczy a robotnik mieszka w domu.

Czasy sa kiepskie wiec budowniczy malo zatrudnia robotnika placac mu tylko $83,700. W ciagu 4 lat robotnik oddaje tylko procenty do banku az wreszcie bankrutuje i bank musi sprzedac sobie dom.

Robotnik oddal do bankowi $83,700 jako miesieczne raty splat pozyczki a ciagle ma dlugu $216,300.

W danym momencie z banku wydano $171,300 a budowniczemu zostalo $171,300.

Bank zabiera dom robotnikowi i sprzedaje go na rynku. Tylko budowniczy ma pieniadze wiec kupuje dom za wszystko co ma czyli $171,300.

Prosze zauwazyc ze dlug robotnika byl $216,300 a bank odzyskal tylko $171,300.

Po transakcji do banku wrocily wszystkie wypuszczone w obieg pieniadze. Budowniczy posiada dom a robotnik poszedl z torbami.

Jesli koszt budowy domu byl $300,000 a chwilami dom niby wartal $600,000 to bank sprzedajacy dom za $171,300 wyglada realnie chociaz bardzo skrajnie nisko sprzedany.

Pieniadze wydane z banku:

+$300,000(na pozyczke dla budowniczego + $300,000(dla robotnika na dom) - $345,000 (zwrot pozyczki + procenty od budowniczego) - $83,700(procenty zaplacone przez robotnika) - $171,300(za sprzedaz domu) = 0

Pieniadze otrzymane przez budowniczego:

$300,000(pozyczone od banku) - $300,000(zaplacone robotnikowi) + $600,000(za sprzedaz domu) - $345,000(oddanie pozyczki + procenty bankowi) - $83,700(zaplata robotnikowi) - $171,300(na zakup domu) = 0

Pieniadze otrzymane przez robotnika:

+$300,000(zarobione w pierwszym okresie u budowniczego) + $300,000(pozyczka z banku) - $600,000(za kupno domu) + $83,700(zarobione u budowniczego w drugim okresie) - $83,700(splacanie procentu bankowi) = 0

Wiadomo ze robotnik musial jesc oraz placi sie za rozne inne rzeczy tez. Mozna powiedziec ze ze te inne rzeczy robotnik placil pieniedzmi zarobionymi u innego budowniczego oraz ze nasz budowniczy placil za materialy oraz wszelkie koszty zarabiajac na innym domu.

W tym przypadku chodzilo mi o to ze nasz maly finansowy swiat krecil sie tylko przez 8 lat. Bank wydrukowal z niczego pieniadze ale zgarnal wszystkie z powrotem i spalil. Sytuacja banku sie nie zmienila poniewaz przez chwile bank mial cos z niczego a teraz ma nic tak jak na poczatku. A chociaz robotnik jest na ulicy bez srodkow do zycia to na swiecie jest jeden wybudowany dom.

Ceny domow rosly ale zwykle bylo tak ze ludzie pozyczali 75% lub wiecej wartosci na maly dom pozniej sprzedawali i pozyczali 75% na coraz drozszy dom. W takim przypadku zarowno wartosc pozyczek (czyli ilosc pieniedzy wychodzacych z banku) rosla ale za te pieniadze ludzie splacali poprzedni dom (czyli pieniadze wracaly do banku). W sumie wielkosc zadluzenia rosla ale tez rosla suma splacanych procentow. Jesli wartosc domow rosla rocznie wolniej niz procent na pozyczkach to do bankow wracalo wiecej pieniedzy niz wychodzilo. Jesli dom mial wartosc $500,000 a pozyczki byly na 5% to czy wartosc tego domu rosla kazdego roku po $25,000 a na drugi rok o $26,250 a na trzeci rok $27,560 czyli po tylko 3 latach musiala urosnac do $578,812. Poniewaz dawniej procenty byly znacznie wyzsze wiec mozemy smialo zalozyc ze po 10 latach cena kazdego domu mogla wzrosnac podwojnie a po 20 latach poczwornie. Tak czy siak przy tej szybkosci wzrostu cen wszystkie pieniadze wracaly do banku. 20 lat temu przy zakupie pierwszego domu sie wychodzilo ze jesli sie pozyczy 200tys to trzeba oddac okolo 450tys. Wniosek z tego ze przez pozyczki na domy wiecej pieniedzy wraca do banku niz z banku wychodzi.

Ostatnio opublikowali ze 69% ludzi w US mieszka w domach a tylko 10% z nich ma splacona pozyczke czyli w sumie 69-7 rowna sie 62% ludzi ma pozyczke na dom. Biore pod uwage ze wielka depresja i wojna byly dawno oraz ze ludziom sie poprawilo pod koniec lat 90 tych. Im dluzej ludzie pracuja raz lepiej, raz gorzej tym wiecej maja splaconych pozyczek. Ludzie pozyczaja coraz wiecej na coraz drozszy dom ale tylko do pewnego stopnia gdy osiagna najwiekszy, najdrozszy dom ich zycia. Pozniej przestaja zamieniac domy na wieksze bo nie ma potrzeby. Dodajac baby boomers (pokolenie urodzone po wojnie) ktorzy juz zaczeli troche zamieniac swoje domy na mniejsze mysle ze 10, 20 lat temu procentowo wiecej ludzi mialo pozyczki na domy niz teraz. Skoro trzeba oddac 2-2.5 razy wiecej niz sie pozycza to mysle ze pozyczki na domy wlasciwie powoduja ze pozyczony pieniadz wraca do bankow juz po 10 latach splacania. Czy mam racje?

Rosnie swiatowy rynek wiec potrzeba wiecej pieniedzy.

Kolejna sprawa to ze potrzebujemy wiecej i wiecej pieniedzy az do momentu gdy mamy wiecej niz mozemy wydac.

Od tej pory wazniejsze jest trzymac kontrole nad sytuacja abysmy my i nasi potomkowie zawsze mieli wiecej niz mozemy wydac. Dla takich ludzi pieniadz nie ma juz znaczenia. Kazda nadwyzke moga sobie po prostu zniszczyc jesli im tak pasuje. Tak robiono z kawa z Brazylii. Lepiej sie oplacalo wyplynac statkiem na srodek Atlantyku i wyrzucic kawe do wody utrzymujac ciagle wysoka cene kawy niz zawiezc kawe do kraju przeznaczenia i sprzedawac po znacznie nizszej cenie.

Z pozyczek na domy wynika ze kryzys jaki teraz mamy to jest najlepszy sposob na sciagniecie pieniadzy ludziom aby tacy jak ten robotnik bez grosza na bruku byli.

Gieldy sluza do kontrolowania inflacji.

Gielda jest kolejnym przypadekiem.

Ludzie sprzedaja i kupuja akcje aby zarobic. Komus sie uda ale w wiekszosci przypadkow zarabiaja ci ktorzy moga spekulowac cenami. Mysle ze ci co drukuja pieniadze moga spekulowac aby zebrac pieniadz z rynku a pozniej moga go zniszczyc poniewaz jak na wstepie powiedzialem i tak maja wiecej niz moga wydac.

Po pierwsze cena akcji nie ma nic wspolnego z firma. Ani z jakoscia firmy ani ze stanem finansowym ani tez firma nic z tego nie ma. Akcje sa wazne dla firmy tylko na poczatku gdy sa wypuszczane nowe akcje czyli firma poszukuje ludzi chetnych do zainwestowania w firme pieniedzy. Firmie jest wszystko jedno czy wypusci 100 akcji po dolarze czy jedna akcje za $100 lub 20 akcji po $5. W kazdym przypadku firma bedzie miala z tego $100.

Nie nalezy tez uwazac ze ci co kupili poczatkowe akcje sa inwestorami. Prawdziwymi inwestorami sa tylko ci ktorzy maja kontrolujaca ilosc akcji a firma wyplaca im pieniadze za cos tam np. ze sa dyrektorami. Wszyscy inni posiadacze akcji moga liczyc tylko na spekulacje czyli to co ponizej.

Przeklad:

W momencie wypuszczenia akcji cena byla $100 wiec pan X kupil jedna akcje. Jego pieniadze posluzyly firmie na rozwoj lub na umarnowanie.

Rozwazmy sytuacje gdy na rynku jest tylko jedna akcja oraz tylko $110 a naszym swiecie istnieja tylko trzej panowie X, Y I Z.

Rok pozniej akcje sa dalej po $100. Pan X ma $0, pan Y ma $100 a pan Z ma $10. W sumie panowi maja $110.

Pan X sprzedaje swoja akcje panu Y. Po transakcji pan X ma $100 a pan Y ma $0 i jedna akcje a pan Z ma $10. W sumie panowie maja 100+0+10 czyli $110.

Po pewnym czasie wartosc akcji spade do $10 poniewaz bogaty pan X nie chce kupic akcji a pana Z stac na niewiele. Pan Y sprzedaje akcje panu Z. W takim przypadku po zakonczeniu transakcji pan X ma dalej swoje $100 pan Y stracil $90 dolarow i zostalo mu tylko $10 a pan Z nie ma swoich $10 ale ma akcje. W sumie panowie maja 100+10+0 czyli ciagle $110.

Poniewaz pan Y ostatnio sprzedal swoja akcje wiec nie moze jej odkupic. W tym czasie pan X oferuje za akcje tylko $1 i czeka. Wczesniej czy pozniej pan Z sprzedaje ta akcje panu X.

Po zakonczeniu transakcji pan X ma $99 I jedna akcje, pan Y ma $10 a pan Z ma $1. W sumie panowie maja $110.

Pan X twierdzi ze akcja teraz warta $80-$90. Nikt nie kupuje ale ludzie sobie mysla ze skoro ceny tak skacza to gdy cena spadnie to sobie kupia a gdy cena pojdzie do gory to sprzedadza.

Wreszcie pan X decyduje ze moze sprzedac akcje za $30, pozniej $20 a w koncu za $9. Tylko pana Y stac na to wiec placi i kupuje. Po transakcji pan X ma $108, pan Y ma $1 oraz jedna akcje a pan Z ma $1. W sumie dalej $110 na rynku.

Teraz sa ciezkie czasy wiec nikogo nie stac zaplacic wiecej niz $1 oprocz pana X ktory ma czas i sie nie spieszy. Gdy sprawa dojrzeje to pan X oferuje $2 za akcje aby nikt go nie przelicytowal co jest duzo bo nikogo innego tak czy siak nie stac.

Kupuje ta akcje a po transakcji pan X ma $106 i jedna akcje, pan Y ma $2, pan Z ma $1.

Wiec na rynku jest podobnie jak na poczatku suma pieniedzy $110 oraz jedna akcja tyle tylko ze prawie wszystkie pieniadze oraz ta akcja sa w rekach pana X. Ta sytuacja nazywana jest korekta na gieldzie co odpowiada prawdzie. Ludzie zostali wyspekulowani i nie maja ani akcji ani pieniedzy. Bogaty pan X nie potrzebuje pieniedzy wiec pali w piecu te $106 co zapobiega powstawaniu inflacji.

Jak z tego wynika niezaleznie czy akcje na gieldach ida w gore czy spadaja na dol suma pieniedzy na rynku jest taka sama czyli jesli ktos zarabia to ktos inny traci. Wartosc akcji nie ma nic wspolnego z firma wiec powinno sie zabronic spekulowanie akcjami.

Fakt ze firma w czasie jej dzialania moze wypuscic nowe akcje lub wykupic istniejace akcje na rynku ale ciagle cena akcji nie ma znaczenia dla firmy. Mialoby gdyby firma wykupywala prawie wszystkie swoje akcje a tak sie nigdy nie dzieje.

Wracajac do panow X, Y oraz Z to pan X ma wiecej pieniedzy niz potrzebuje wiec moze zniszczyc (wydrukowane zreszta przez niego) nawet cale $100. W rezultacie spekulacje zmniejszyly ilosc pieniedzy na rynku.

Jedna dodatkowa sprawa dla firmy. Czasami firma zarobila pieniedzy a nie ma co z nimi zrobic. Nie ma w co zainwestowac. Nie bedzie wyplacac dywidend bo musieliby wyplacic kazdemu wlascicielowi akcji a to glupota aby komus obcemu placic. Firma nie chce trzymac pieniedzy na przyszlosc bo musialaby zaplacic podatek od zysku. W takiej sytuacji firma wykupuje akcje czyli placac komus kto ma akcje zabiera akcje ktore sa likwidowane. W takiej sytuacji dla firmy jest tym lepiej im nizsza jest cena akcji poniewaz majac ta sama sume pieniedzy moga pozbyc sie wiekszej ilosci ludzi z akcjami a wtedy gdy zaczna sie dzielic zyskami to prawdziwym wlascicielom przypadnie wiecej.

Wniosek jest taki ze korekta na gieldzie ma tylko na celu wycyckanie ludzi oraz zniszczenie pieniedzy zapobiegajac inflacji.

Export import.

Mowi sie ze Ameryka importuje wiecej niz eksportuje a przez to pieniadz wychodzi z kraju na swiatowy rynek zmniejszajac jego wartosc. Niby tak ale...

Kiedys mocni wlasciciele drukarni wmowili swiatu aby dolara zrobic waluta miedzynarodowa. W ten sposob sprzedajac, kupujac, kooperujac z wieloma krajami nie musimy przeliczac z jednej waluty w inna a pozniej w kolejna oraz pilnowac jak ktorakolwiek relacja sie zmieniala ani czy w kraju tej czy innej waluty jest jakis towar przydatny. Brano tylko pod uwage przelicznik danej waluty do zielonego. Niemcy sprzedajac Francuzom nie musieli ciagle badac relacji marki do franka oraz co za te franki mozna od Francuzow kupic tylko ceny byly ustalone w zielonym wiec raz ten raz inny kraj zyskiwal lub tracil gdy wartosc jego waluty zmieniala sie w stosunku do zielonego. Nie oznaczalo to wcale ze transakcje byly wykonywane w zielonych. Kiedys US zaczelo prowadzic wojny na wschodzie wokol Ruskich i na bliskim wschodzie po to aby kontrolowac rope. Podobno po dogadaniu sie z Arabami ze ropa zawsze bedzie sprzedawana w zielonych dolarach wszyscy na zachodzie byli zadowoleni.

Mowia ze juz wczesniej bylo lub po stymylusie bedzie za duzo zielonych na rynku zagranicznym i wartosc dolara spadnie.

US wiecej importuje za zielone niz eksportuje wiec zielone wychodza na swiatowy rynek. Co sie z nimi dzieje? Wszyscy (moze oprocz Ruskich) potrzebuja rope wiec placa Arabom zielonymi za rope. Co dalej z zielonym? Podobno wlasnie Araby inwestuja jak to sie mowi czyli za zielone kupuja rzadowe (TBills) obligacje amerykanskiego skarbu panstwa. Wiec dolar wraca do

domu. TBills nie sa jakims specjalnym dobrem jak ropa, kawa, auto tylko papierkiem obiecujacym ze mozna go bedzie kiedys zamienic na dolary byc moze z zyskiem. Czyli gdy Araby kupuja te obligacje to zielony wraca do domu i moze byc na razie zniszczony. Po terminie lub okresowo wlasciciel obligacji dostaje odsetki czyli czesciowo dolar wychodzi a po zakonczonym terminie za obligacje dostaje sie sume plus zarobiony procent. Co wtedy Arab z tym moze zrobic? Nie zabiera go sobie bo ma ciagly doplyw nowych zielonych ze swojej ropy.
Prawdopodobnie Arab kupuje kolejne Tbile. Jedyny wplyw jaki ci od ropy maja na Tbile jest ograniczenie produkcji ropy. W innym razie zielony wrocil do prywatnego domu gdzie byl wydrukowany a rzad moze powiedziec nie mam z czego zaplacic za obligacje

Pytanie jest co rzad robi z pieniedzmi. Zabiera podatki, daje na rozne socjalne, publiczny transport itp. Wieksza czesc przeznacza na obrone i uzbrojenie oraz na rozwoj naukowy czyli w rakiety kosmiczne. Czy ktos wie ile tych przeznaczonych na obrone pieniedzy naprawde tam idzie? To sa takie ogromne sumy ze mozna duza czesc z nich zabrac i schowac lub zniszczyc a nikt nie zauwazy poniewaz przemysl zbrojeniowy jest w rekach drukarzy pieniedzy. Po co rzad sprzedaje t bile? Za te pieniadze powinno sie budowac mosty, drogi itp. No dobrze, wybudowalo sie. Przychodzi okres dojrzewania bila. Skad sie bierze pieniadze na splacenie? Cos mi sie wydaje ze glownie z podatkow. Jesli tak to gdy pieniadze z zewnatrz wracaja przy zakupie Tbila to mozna je po troche kasowac, palic a gdy trzeba za dojrzalego Tbila zaplacic to mozna wziac z podatkow czyli dolary juz bedace w obiegu.

Mysle ze nie trzeba masowo niszczyc zielonych a trzeba tylko utrzymywac stala ilosc w obiegu.

Czesc wielkich swiatowych bogaczy kupuje zloto. I znow to samo. Wlascicielami kopalni sa ci sami co drukuja pieniadze wiec gdy dadza zolty metal za zielonego to moga nadwyzki zielonego wycofac z obiegu. Wbrew pozorom duza czesc zoltego metalu w ksztalcie prostopadloscianow nie szlaja sie po swiecie. Jest taki specjalny sejf w stanie Kentucky gdzie sie za "drobna" oplata przechowuje sie zolte prostopadlosciany razem z wszelakiego rodzaju chorobami, lekarstwami lub innymi eksperymentalnymi przedmiotami. Znajduje sie to na terenie najwiekszej jednostki wojskowej w US. Czyli wszystko ciagle zostaje w domu.

Nie wiem czy wymyslilem cos podobnego do prawdy ale gdyby takie drukowanie powodowalo inflacje i spadek wartosci to wyczuwalibysmy to czesto.

Jest tez drugi aspect. Swiat sie powieksza to znaczy ze jest coraz wiecej produkcji, konsumpcji oraz dobr istniejacych na calym swiecie a co za tym idzie rosnie ilosc transakcji. Podobno dlatego zaprzestano bazowanie pieniadza na kruszcu ze bylo potrzeba coraz wiecej zoltego metalu do realizowania wszystkich transakcji a nie istnialo tego tyle na swiecie. Sytuacja podobna do tego gdy kiedys zaczal sie naplyw zlota do Europy z Ameryki co zamieszalo troche. Ziemia nie ma tajemnic wiec nie ma nadzieji ze nagle skads pojawi sie duzo zoltego metalu. W zwiazku z tym poslugujemy sie zielonym dolarem. Zwiekszajacy sie swiat potrzebuje ich wiecej w obiegu. Wazne jest tylko czy czuwajacy nad rownowaga potrafia ja utrzymywac.

Jesli przez 60 lat od wojny ludzie i firmy musza oddawac pozyczki z procentem wiec przez caly czas moglo wiecej zielonego dolara wracac do drukarni niz z drukarni wychodzic. Swiadczy o tym deflacja. Podobno w Japonii jest deflacja od ponad 10 lat a rzad nie moze sobie z tym poradzic. Jesli teraz po stymulusach a nawet po samym ich ogloszeniu wartosc dolara w stosunku do innych walut nie spadla a nawet moze wzrosla to cos w tym musi byc.

Mowi sie glownie o korektach na gieldach ale podobnie sie dzieje takze w handlu domami. Mysle ze kazda taka korekta a szczegolnie recesja ma na celu zmniejszenie ilosci zielonych na rynku. Gdy ludzie powpychaja swoje dolary w cos tam na przyklad w jakies akcje wtedy manipulujacy tacy jak nasz pan X maja w kieszeni zielone a ludzie maja akcje. Po chwili robi sie korekte i wartosc akcji spada. Wtedy panowie X wycofaja sobie z obiegu troche dolarow ktore wlasnie maja w kieszeni . Zwykli ludzie trzymaja troche akcji a za to nie maja pieniedzy. Odkupuje sie wtedy od ludzi te akcje za male pieniadze. Po chwili ludziska zaczynaja zarabiac i miec znowu nowe pieniadze za ktore kupuja akcje a gdy po napedzeniu akcje wyjda wystarczajaco w gore to znowu mozna je sprzedac ludziom. Kazda taka korekta powoduje ze ludzie i male lub srednie firmy czy organizacje traca dolary. Bogaci wyspekulowane zielone moga wycofac z obiegu i cykliczna zabawa zaczyna sie od nowa.

Przyklad pana Warrena Buffetta.

Ja zawsze powtarzalem ze gdyby Warren Buffett z Omaha inwestowal w techniczne akcje pod koniec lat dziewiecdziesiatych, sprzedal wszystko w grudniu 1999 to moglby spakowac dolary w walizki pojechac do arabow i kupic za gotowke cala rope razem z ich krajami, szejkami, zonami. Tak sie nie stalo poniewaz ten pan jest tylko kapralem do wykonywania co mu kaza. Kazali mu robic cos innego. Teraz gdy on dal zarobione pieniadze do wycofania to trzyma malo wartosciowe akcje. Co to za roznica. Gdyby on stracil 90% tego co ma to i tak mialby duzo wiecej niz moglby wydac. Dlatego on zaczeka spokojnie az akcje pojda w gore odsprzeda je ludziom i wtedy pozwoli sie na spadek akcji w dol. Gdyby pan z Omaha nakupil wysoko technicznych akcji a wiele z tych firm nie istnieje lub moze niebawem nie istniec wiec nie moglby tych akcji nikomu w przyszlosci sprzedac. Tak czy siak moglby oddac zielone do skasowania wiec cokolwiek zrobi zawsze przynajmniej pol celu osiagnie. Planuje sie jednak osiagniecie pelnego celu czyli kontrole nad cyklem zarowno gdy rosnie do gory jak gdy spada w dol.

Smieszni Kanadyjczycy z pod znaku klonowego liscia.

Podobnie zrobiono w relacjach z Kanada. Kanadyjski pieniadz spadl bardzo w dol w stosunku do zielonego dolara. Na gieldach w Toronto i innych kanadyjskich miastach handluje sie za kanadyjskie. Po spadku wartosci kanadyjskiego mozna bylo wziac mala ilosc zielonych, zamienic na kanadyjskie i nakupic duzo akcji. Zamieniono relacje wiec mozna bylo nawet przy tej samej cenie akcji (akcje dodatkowo jeszcze pospadaly) w lokalnym pieniadzu posprzedawac to i dostac do reki duzo wiecej zielonych dolarow niz ilosc potrzebnych na zakup. Niby nic sie nie zmienilo ale ci ktorzy mieli w rekach zielone kilka lat temu teraz maja ich znacznie wiecej wiec ta czesc ktorej nie potrzebuja moga wycofac z obiegu. Piecze sie 2 pieczenie przy jednym ogniu poniewaz ci co na taka skale to robia przez jakis czas byli wlascicielami ogromnej ilosci akcji wiec mogli legalnie wplywac na dzialalnosc firm zapewniajac sobie to ze cena ropy w Kanadzie poszla w gore. Pociagnelo to przy dodatkowych dzialaniach wzrost ropy na calym swiecie a co za tym idzie jesli do zakupu tej samej barylki potrzeba wiecej zielonych to znaczy ze teraz panowie swiata sciagaja wieksza ilosc zielonych a na swiecie ciagle utrzymuje sie rownowage. Aby wyczerpac ten temat nalezy wspomniec ze to co jest pod ziemia na terytorium Kanady nie jest wlasnoscia Kanady. Kazdy moze (a panowie swiata juz dawno to zrobili) zarejestrowac sobie dowolny teren jako teren do exploracji podziemnych mineralow. Prosze zwrocic uwage ze jest to tylko rejestrowanie za drobna oplata a nie zakup terenow. Majac teren zarejestrowany wlasciciel moze rozkopac, zniszczyc wszystko co nie jest w odleglosci mniejszej niz 500 m od domow mieszkalnych. Domki letniskowe nie sa mieszkalne wiec jesli ktos wymysli rozkopywanie to przyjada z buldozerami i usuna domki bez informowania o tym wlascicieli domkow.

Co wynika z faktu ze dolar nie jest amerykanski.

Gdyby zielony dolar mial cos wspolnego ze Stanami Zjednoczonymi to byloby trudniej gdyz kongres moglby cos decydowac. W takim przypadku gdy jedna partia chce odebrac wladze innej mogliby napuscic kogos do sprawdzenia rachunkow. Wydaloby sie ze czesc pieniedzy zniknela. Ci co sprawdzaja oglaszaja wyniki zalezace tylko od tego kto mocniejszy i ma wiekszy wplyw na sprawdzajacych. (Podobnie jest z woda w Ontario. Gdy sprawdzaja dlaczego plaze sa czesto zamkniete to okazuje sie ze nikt z Kanady nie zanieczyszcza tylko wszystko jest wina US. I juz wszyscy maja rece czyste) Skoro jednak dolar jest wlasnoscia prywatna ok 5 osob wiec moga z nim robic co chca. Drukowac, palic, wypuszczac, wycofywac. Czasem ktos zaczyna podnosic glos np. kiedys jakis senatorek z ktoregos stanu w Nowej Anglii zaczal nadawac na Greenspana, bylego kierownika tych tam rezerw ze sobie drukuja ile chca. Na drugi dzien byl napad na amerykanska placowke w Azji. Zmiana tematu, faceta opierniczyli za to co mowil i wiecej sie nie odwazyl odzywac. Rachunek jest zbalansowany bo podobno kraj (bzdurne pojecie nie istniejace w rzeczywistosci) jest zadluzony u drukarzy wiec nazywa sie ze kazdy zielony dolar ktorego wycofano zostal przeznaczony na splacanie odsetek.

Nie jestem zwolennikiem zadnych teorii konspiratorow czy innych. Uwazam ze tam gdzie chodzi o duze pieniadze nigdy nic nie zostawia sie przypadkowi tylko planuje kazdy ruch. Planujacy nie sa najmadrzejsi wiec czasem cos moze im nie wyjsc ale gdy sie ma sile to kazda sytuacje mozna przekrecic na swoja korzysc. Najgorzej jest gdy sie nic nie dzieje. Jesli tylko cos sie dzieje wtedy wystarczy wymusic cos dodatkowego i popchnac losy w korzystna strone.

Dla przykladu loterie i kasyna. Fakt ze glowne wygrane na loterii trafiaja sie przypadkowo ale ostatnio jest wielki szum w Ontario bo okazalo sie ze niektorzy co maja maszyny i sprzedaja losy przewaznie nawygrywali sobie od kilkadziesiat do kilkaset tysiecy. Statystycznie jest to niemozliwe. To nie byly jednorazowe wygrane tylko co pare tygodni po troszeczku.

Teoretycznie Tbile sa wypuszczane przez rzad na pokrycie roznych kosztow. Beda one bo zwykle byly wyplacone gdy dojrzeja. Ostatnio jakis kongres czy ktos zaczynal sie zastanawiac nad sytuacja wiec poniewaz rzad nie ma czym zaplacic za dojrzale Tbile drukarze wykupili duza ilosci Tbili. Bzdura niezla od poczatku do konca bo wyglada to tak ze rzad nie mial pieniedzy to zrobili pieniadze aby samemu sobie zaplacic. W rzeczywistosci chodzilo o cos innego. Teraz rzad jest bardziej zadluzony u drukarzy. Poniewaz w Ameryce robi sie wszystkim wode w glowie wiec uwaza sie ze jesli jest prawo to mozna kazdego podac do sadu. Kongresmeni beda siedziec cicho bo drukarze podadza rzad do sadu o oddanie pieniedzy za Tbile. Sprawa zalatwiona. Przeciez wystarczyloby zmienic prawo ze drukarze nie maja nic ani prawa do drukowania i byloby po dlugu.

Swiat zadluzony u drukarzy.

Pan Piotrus nie musi sie zastanawiac jak to jest ze wszystkie kraje sa zadluzone wiec u kogo zadluzone? Wiadomo u drukarzy.

Ruskie sa ciagle mocne. Tam nigdy banki nie byly potrzebne bo karabin pedzil ludzi do roboty. Zmienia sie ale mam nadzieje ze ruskie nie oslabna. Ruskie pewnie chca puscic rurociag swojej ropy do zoltkow oraz hindusow. Dlatego jest wojna w Afganistanie. Jakis Iran chcial zaczac sprzedawac rope (pewnie razem z ruskimi) w innej walucie niz zielony dolar wiec pojechano szukac atomow. Teraz tam sa demonstrancje i cos sie dzieje aby nie dopuscic do handlu ropa.

Taka pojednoczona Europa to tez tylko po to aby byla jedna drukarnia.

Sytuacja Polski.

W Polsce nie ma ani duzo pieniedzy ani wartosciowych przemyslow czy kopaln wiec nie ma powodu manipulowac cenami domow czy na gieldzie. Cala sume jak zechca to w tydzien przekreca. Kiedys w Polsce po wojnie zrobiono wymiane pieniedzy. Za 100zl dawali w banku 1zl a w wielkich zakladach pracy po 3zl. Niby wszystko jedno czy sie ma 100 starych zl czy 1 nowy zl. Nie tak wszystko jedno bo z tego co slyszalem to w banku mozna bylo wymienic tylko10tys czy 20tys. Gdy ktos mial wiecej to mu przepadly. Ludzie szukali znajomych bez pieniedzy aby ci znajomi poszli im wymienic. Po takich doswiadczeniach Polacy trzymaja dolary pod poduszka wiec cena zlotowki sie nie liczy albo ludzie buduja domy czy maja cos namacalnego wiec gdy sie cos ma to cena zlotowki tez sie nie liczy. Dlatego moze ten kryzys w Polsce wyglada inaczej.

O zadluzeniu Ameryki w Chinach.

Tyle sie o tym ostatnio mowi w mediach ale z dziesiatek lat doswiadczen wiemy ze media nie sa po to aby zwyklych ludzi informowac o czymkolwiek tylko aby mieszac w glowach i wmawiac pozadana opinie.

Podobno Stany sa bardzo zadluzone u Chinczykow. Chcialbym zrozumiec jak to naprawde jest.

Gdyby panstwo bylo korporacja wtedy byc moze aby zyskac doplyw pieniedzy wypuszczaliby nowe akcje. Chinczycy mogliby te akcje kupowac az w pewnym momencie mieliby tak duza ilosc akcji (nie koniecznie 51%) ze zaczeliby przejmowac kontrole. Panstwo nie ma akcji a kontrole maja jacys fikcyjni senatorzy i inne oficjalne wladze.

W jaki wiec sposob sa zadluzeni. Zwykle jest tak ze rzad wypuszcza TBills albo bondy. Aby nie zagmatwac sprawy rozwazmy jakby to bylo to samo. Glowna roznica jest w dlugosci okresu dojrzewania oraz ze bondy moga wyplacac cos lub jakis procent w miedzyczasie.

Co to jest bond?

Powiedzmy ze rzad amerykanski wypuszcza bondy. Wtedy ktos przynosi powiedzmy $700, daje rzadowi. Za te pieniadze ten ktos dostaje papierek ktory gwarantuje ze za 10 lat (lub za 15 lat) wlasciciel papierka moze przyjsc do rzadu i dostanie wtedy $1000 za ten papierek. W momencie kupowania bondu wartosc tych $700 to jest cena telewizora w Ameryce albo powiedzmy za te pieniadze mozna zaplacic 4 lata pracy pracownika w Chinach.

Pisze 4 lata poniewaz kiedys tak bylo w Polsce ze ludzie zarabiali $10-$15 miesiecznie.

Po "zakupie" bonda, ile on jest warty na drugi dzien? Zero.

Ile ten bond jest warty za 7 lat albo za 9 lat? Tez zero.

Ten papierek nie ma zadnej, ale to kompletnie zadnej wartosci przed dojrzaloscia. Dopiero po 10 latach po dojrzewaniu za ten papierek rzad zaplaci $1000.

Czy dla rzadu jest jakas roznica czy $700 przyniosl Amerykanin czy Chinczyk? Mysle ze nie poniewaz $700 jest $700. No dobrze a co bedzie za 10 lat w dniu maturity? Nikt nie wie ale wystarczy ze inflacja w Stanach sie posunie i telewizor bedzie wtedy kosztowal $1100 i co wtedy? Ktos za bonda dostanie $1000 ale nie bedzie mogl za to kupic takiego telewizora jaki mogl sobie kupic w momencie zakupu bonda. Jesli w Chinach cos sie zmieni i wymusi sie zmiane przelicznika walut to wtedy Chinczyk po otrzymaniu tego $1000 bedzie mogl zaplacic tylko za miesiac pracy. Pisze miesiac poniewaz dzisiaj w Polsce $1000 jest w przyblizeniu miesieczna placa.

Dalej nie rozumiem co zlego w tym ze Chinczyk czy ktokolwiek inny przyniesie dolary i da je rzadowi teraz. Przewaznie inflacja jakas istnieje zawsze a poniewaz w Ameryce od bardzo dawno nie bylo wielkiej, gwaltownej inflacji wiec kiedys moze przyjsc troche szybsza inflacja. Kazda inflacja pomaga tym ktorzy wypuscili bondy poniewaz w dniu dojrzewania beda wyplacac okreslona sume niezaleznie ile te pieniadze beda wtedy wartac. Teoretycznie zysk na bondzie powinien byc wiekszy niz strata na inflacji ale nigdy nic nie wiadomo.

Z pozyczkami to jest tak jak w starym greckim kawale. Icek sie martwi bo pozyczyl duzo pieniedzy od Moska a teraz nie ma z czego oddac. Po kilku dniach Icek wyszedl gdzies, wrocil i juz sie nie martwi. Zona go pyta co sie stalo. Icek na to: Powiedzialem Moskowi ze nie mam z czego oddac wiec teraz niech sie Mosiek martwi.

No dobrze tak wyglada generalnie. Wtorne efekty to takie ze Chinczycy czy teraz czy po maturity beda miec duzo dolarow. Co za te dolary moga kupic? Troche inna sytuacja bylaby z krajem ktorego walute maja obcy ludzie. Z dolarami jest troche mniej problemow poniewaz dolar amerykanski nie jest amerykanski a jest miedzynarodowa waluta. W tym przypadku powiedzmy Chinczycy moga kupowac towary na calym swiecie. Mysle ze glownie rope naftowa. Gdy za 10 lat ropa podrozeje wiec znowu Chinczyk straci poniewaz dzisiaj za $700 moze kupic wiecej ropy niz za 10 lat za $1000.

Gdy Chinczycy beda miec bardzo duzo dolarow, wiecej niz im na rope potrzeba to wlasciwie beda zmuszeni do kupowania towarow w US. Majac komu sprzedawac Stany zaczna sie lepiej rozwijac.

Ktos moze powiedziec ze majac bardzo duzo dolarow Chinczycy moga kupowac akcje na gieldach. Tego nie beda na pewno robic jesli maja chociaz troszke rozumu.

Na poczatek gdy wzrosnie popyt to fabryki w Stanach zaczna produkowac wiecej. Jesli nie beda mogli nadazac z produkcja to ceny wzrosna. Jesli ceny wzrosna to wtedy po inflacji Chinczyk bedzie mogl kupic za $1000 mniej niz kiedys za $700 czyli znowu straci. Tak czy siak te dolary przyjda do amerykanskich fabryk co pomoze im sie rozwijac.

Dopiero gdyby bylo bardzo malo produktow do kupienia a Chinczycy mieli bardzo duzo dolarow wtedy jesli spanikuja to beda placic coraz wiecej za towar aby go dostac przez co zwieksza inflacje a co za tym idzie beda miec wieksze straty. Jesli nie spanikuja a popyt wzrosnie duzo chociaz w kontrolowany sposob to dopiero wtedy moze sie to zle odbic na ludziach pracujacych i zarabiajacych w Ameryce poniewaz ich zarobki moga rosnac wolniej niz ceny. Jesli zas panowie Ameryki beda kontrolowac to beda podnosic ceny i zarobki. Wtedy ci co zyja na biezaco nie odczuja zadnej zmiany a Chinczycy straca.

Jak by na to nie patrzec nie widze zadnego zagrozenia ze strony Chinczykow.

Jak ze znacznie wczesniejszych rozwazan wynika ze po pierwsze gieldy sluza glownie do robienia krachu dzieki ktoremu wyciaga sie pieniadze od spoleczenstwa, biznesow a dzieki zniszczeniu tych wyciagnietych pieniedzy kontroluje sie inflacje. Z drugiej strony jesli tacy Chinczycy czy ktokolwiek zakupi bardzo duzo akcji amerykanskich korporacji lub nawet bardzo duzo akcji tylko jednej korporacji to tez nic. W koncu wiemy ze tylko kontrolujaca ilosc akcji ma znaczenie dlatego prawdziwi wlasciciele zawsze beda trzymac kontrolujaca ilosc akcji a fakt ze reszta akcji inni sobie handluja korporacji nigdy nie dotyczy. Fakt ze czasami wlasciciele sprzedaja swoje akcje ale to sie dzieje tylko wtedy gdy juz wczesniej wiedza ze firma sie rozleci a oni chca na koniec troche gotowki capnac. Jesli Chinczycy kupia akcje takiej upadajacej firmy to tylko utopia swoje pieniadze. Dlatego wlasnie jest wprowadzony przepis ze gdy wlasciciele sprzedaja lub kupuja akcje swojej firmy musi to byc podane do wiadomosci publicznej.

Mysle ze ci wszyscy czy to Chinczycy czy Araby czy ktokolwiek inny jesli kupuje amerykanskie papiery wartosciowe to tylko dlatego ze nie ma co z pieniedzmi zrobic. Trzymajac gotowke pod poduszka bedzie tracil z powodu inflacji. Zwyczajni ludzie czesto kupuja CD poniewaz sa to gwarantowane depozyty z gwarantowanym procentem. Jesli ktos uwaza ze inflacja bedzie mniejsza niz ten procent na CD albo ktos nie ma nic innego na oku wtedy kupuje CDs. CDs maja wade ze sa przewaznie w jednej calosci a zbyt drazliwe byloby zaniesc do banku million dolarow I kupic za nie 200 takich samych CD (po $5000 kazde). Gdy sie kupi papiery wartosciowe (czyli np bondy) wtedy mozna to podzielic przy sprzedazy. Dodatkowo oszusci wymyslili handlowanie niedojrzalymi bondami wiec te bezwartosciowe papiery mozna sprzedawac jesli sie kogos znajdze chetny albo kupowac przed maturity date. Wprawdzie wtedy wartosc nie jest pewna bo zalezy od innych relacji na rynku ale zawsze mozna jakos sprzedac. To ze Chinczycy czy Araby kupuja amerykanskie papiery wartosciowe a nie np polskie papiery wartosciowe wynika z tego ze zakladaja lepiej lub gorzej ale Stany jakos przetrwaja i beda wyplacac w dniu maturity. Nie jest to takie pewne skoro nie tak dawno gdy banki zaczely fikcyjnie bankrutowac zaczeto w roznych mediach oraz finansowych radach zalecac kupowanie TBills poniewaz mialy byc najpewniejsze oraz mozliwe do zamiany w gotowke. Byla to tylko taka nagonka ktora uwaznym sluchaczom dala do zrozumienia ze te rzadowe papiery tez moga nie byc wyplacalne.

Osobiscie nie wierze ze Stany moglyby po prostu zbankrutowac i zawsze raz lepiej raz gorzej beda sobie radzic. Problem z tym rozwojem jest taki ze Stany zyskaly potege tylko dzieki temu ze od czasow Civil War byl tu zawsze pokoj a caly przemysl zarabial i rozwijal sie w czasie wojen odbywajacych sie gdzies indziej. Teraz od czasow drugiej wojny swiatowej nigdzie na swiecie nie ma wojny (takie tam w Jugoslawii sie nie licza bo zbyt male) wiec inne kraje tez sie rozwijaja. Te inne kraje nie sa na wyspie wiec aby zachowac konkurencyjnosc produktow musza je ciagle ulepszac.

Uwazam ze wszystko co sie ostatnio dzieje to przez Orwella. Wszystko ma na celu kazdemu czlowiekowi wypalic numerek niczym na krowach i zagonic do pracy. Wtedy w komputerze mozna z kazdym czlowiekiem zrobic co sie zechce. Trzeba tylko ludzi straszyc aby sie nie buntowali.

O wartosci ziemi.

Rzeczywista wartosc ziemi.

Ziemia dla ludzi chociaz zawsze byla i jest niezbedna ale tez przedstawia bardzo mala wartosc.

Niewielka wartosc ziemi bierze sie z tego ze to co samo naturalnie rosnie nie posiada zbyt wielkich wartosci odzywczych dla czlowieka. Wiekszosc samoistnie rosnacych roslin to chwasty, nieowocowe drzewa i krzewy. Zwierzeta nie sa w stanie prawie nic zmienic w srodowisku gdzie zyja wiec musza jakos znalezc pozywienie w naturze. Oczywiscie np. bobry potrafia i bardzo zmieniaja srodowisko naturalne aby go dostosowac do wlasnych potrzeb. Zwierzeta musza sie zadowolic tym co samoistnie rosnie ale nie jedza wszystkiego a zawsze wybieraja specjalniejsze czy to dzbla trawy, czy liscie czy owoce. Czlowiek jest bardziej wybredny poniewaz dla fizycznej oraz intelektualnej dzialalnosci czlowieka wymagany jest znacznie wyzszy poziom jakosci pokarmow.

Czlowiek znajduje specjalne rosliny ktore chce spozywac. Wartosc ziemi jest niewielka dlatego ze tylko przez ok 3 lata mozna na danym terenie uprawiac takie same rosliny jadalne przez czlowieka. Po trzech latach mozna zrobic tzw plodozmian i zaczac uprawiac cos innego co dla rozwoju wykorzystuje troche inne skladniki znajdujace sie w ziemi. Po kolejnych dwoch lub trzech latach odzywcze skladniki w ziemi sie koncza i nic pozytecznego dla czlowieka tam nie bedzie roslo. Tak, bywaja specjalne przypadki jak z rzeka Nil ktora wylewala i wody nanosily nowe mineraly na te same fragmenty ziemi. W normalnej sytuacji zas ludzie starali sobie radzic w ten sposob ze wypalali ogromne tereny a na ich miejscu zaczynali uprawy od nowa. Po wielu, wielu latach teren na ktorym dawno temu cos uprawiano a teraz byl wyjalowiony, zarastal bezuzytecznymi roslinami ktore znow mozna bylo spalic aby uzyznic glebe.

Z drugiej strony musimy zauwazyc ze nawet takie tereny jakie sa, same nie produkuja tego co dla ludzi pozyteczne. Czlowiek musi siac, uprawiac, nawozic itp. Wynika z tego ze glowna korzysc jest z pracy ludzkiej a nie z wartosci ani zawartosci ziemi. Dla przykladu uprawy ryzu wymagaja ogromnego wysilku ludzkiego aby na malym terenie zapewnic jak najidealniejsze warunki temperaturowe, naslonecznienia, wilgoci itp niezbedne dla tego rodzaju roslin.

Bywaly czasy ze ludzie mieli wrazenie ze tereny ziemi sa dla nich bardzo wartosciowe i drogocenne. Dzialo sie tak wtedy gdy byli chlopi panszczyzniani lub niewolnicy. W tamtych czasach ziemia nalezala do bogatych wlascicieli a biedni niewolnicy musieli na tej ziemi ciezko pracowac aby zostac wynagrodzonymi minimalna iloscia pozywienia. Niewolnikowi wydawalo sie ze jesli zostanie wlascicielem ziemi to bedzie mogl znacznie mniej pracowac oraz bedzie mial lepsze zycie. Po pewnym czasie wlasciciele ziemscy zaczeli nagradzac swoich niewolnikow darowaniem im ziemi. Nie byl to wcale fantastyczny kolej losu. W rzeczywistosci tereny nowe, swiezo zagospodarowane daja najlepsze plony. Po wielu latach uprawiania na danym terenie gleba stawala sie nieurodzajna. Po przepracowaniu na pana ziemi przez 10 lub 15 lat wlasciciel darowal ten teren swojemu chlopu panszczyznianemu. Ten teren i tak sie juz do niczego nie nadawal. Chlopi panszczyzniani wtedy zamiast stac sie bogatymi ze spichlerzami pelnymi jedzenia musieli w dalszym ciagu pracowac na innym terenie wlasciciela ziemskiego a na swoim mogli uprawiac tylko w wolnych chwilach. Bylo tak dlatego ze podarowany wyjalowiony teren nie zapewnial wystarczajaco pozywienia.

W Polsce pod koniec XIX i w pierwszej polowie XX wieku ziemia wydawala sie bogactwem poniewaz wielodzietne rodziny zyly z uprawiania niewielkich skrawkow ziemi. W tych czasach prawie nie bylo mozliwosci znalezienia pracy w innych zawodach. Jesli ktoras z rodzin posiadala wiekszy od innych skrawek ziemi to mogla miec wiecej jedzenia. Wtedy wydawalo sie ze ziemia jest wartosciowa. Dodatkowym mylacym czynnikiem byla sytuacja polityczna. Ludzie nie mogli zyc spokojnie uprawiajac ziemi az ta wyjalowieje i przestanie dawac wystarczajaco plonow. Dwie wojny swiatowe wyniszczaly zarowno ludzki dobytek, jak i tereny uprawne oraz zabijaly przeogromne ilosci ludzi. W takich czasach ludziom wydawalo sie ze posiadanie ziemi oraz uprawianie jej w pokojowych czasach bylo szczytem szczescia i dobrobytu. Nie we wszystkich krajach byly wojny a okazalo sie ze ziemia nie daje wystarczajaco plonow.

Ludzie musza poswiecic bardzo duzo swojego czasu na produkcje maszyn i narzedzi rolniczych lub ogrodniczych aby sam process uprawiania byl na tyle wydajny aby przynosil realne korzysci. Wyjalowiona ziemia wymaga od czlowieka bardzo duzy naklad nienaturalnej pracy zwiazanej z produkcja nawozow bez ktorych sama ziemia nie moze dac wystarczajaco pozywienia. Rosliny ktore ludzie moga i chca spozywac sa narazone na wiele zabojczych chorob oraz klesk niepomyslnych warunkow klimatycznych oraz innwazji pasozytow. I znow widzimy ze dodatkowa praca ludzka majaca na celu walke z pasozytami, zmiany inzynieryjne oraz genetyczne w samych roslinach oraz tworzenie sztucznych warunkow atmosferycznych niezbednych a sprzyjajacych produkcji zywnosci ma znacznie wieksze znaczenie niz sama ziemia. Dodatkowo zbiory pozywienia musza byc transportowane na wielkie odleglosci oraz sztucznie modyfikowane aby zapewnic ich jakosc przez nienaturalnie dlugie okresy czasu.

Tereny ziemskie jako inwestycja.

Oprocz wartosci ziemi mamy tez do czynienia z potocznie rozumiana cena mniejszych lub wiekszych terenow ziemskich. Z czysto ekonomicznego punktu widzenia sama ziemia ma niewielka wartosc. Wartosc ziemi jest czesto potocznie mylona z wartoscia nieruchomosci znajdujacej sie na danym terenie ziemskim.

Inwestowanie w tereny ziemskie jest prawie zawsze najgorsza mozliwoscia robienia inwestycji.

Tak, zdarza sie ze bardzo tani nikomu nie potrzebny teren po 20 lub 30 latach staje sie znacznie drozszy ale to nie oznacza ze ktos na tym specjalnie zarabia. Po pierwsze niewiele ludzi jest takich ze ma zbedne pieniadze z ktorymi nie ma co zrobic wiec kupuja bezwartosciowy teren a pozniej za 20 czy 30 lat sprzedaja ten teren zarabiajac na tym duzo. Wiekszosc zwyczajnych ludzi ktorzy posiadaja bezwartosciowy teren ktory po latach nabiera wartosci zazwyczaj posiada dany teren przez duzo dluzszy okres czasu. Jesli wezmiemy pod uwage inflacje oraz ile te same pieniadze wlozone w bezuzyteczny teren przynioslyby w tym samym czasie zysku zauwazymy ze ceny ziemi musialyby wrosnac 3 lub 4 razy wiecej niz zwykle aby dac taki sam zysk.

Tak, sa ludzie zwani budowniczymi ktorzy niby zarabiaja na terenach ziemskich ale to nie jest calkowita prawda. Po pierwsze zwykli ludzie kupujac dany bezwartosciowy teren nie wiedza czy i kiedy cena ziemi w tym miejscu pojdzie w gore. Gdy jest nadzieja ze cena bezwartosciowego terenu pojdzie w gore to juz wtedy budowniczy chca to kupic wiec zwykly czlowiek musialby zaplacic znacznie wiecej a w rezultacie caly zysk bylby duzo mniejszy.

Co sie robi aby wartosc ziemi wzrosla.

Budowniczy w rzeczywistosci przewaznie nie zarabiaja na wartosci ziemi. Posiadanie ziemi jest dla nich niezbedna czescia biznesu poniewaz wlasnie na ziemi buduja nieruchomosci. W takiej sytuacji budowniczy nie zarabia na kupionej ziemi tylko jesli wszystko zrobi w odpowiednim czasie to wtedy ma mniejsze straty na tym ze musial kupic ziemie. Budowniczy robi to w ten sposob ze kupuja tanie tereny a pozniej lapowkami, szantazami oraz wszelkiego rodzaju przemoca wymuszaja na lokalnych lub wyzszych wladzach aby dany teren zatwierdzic jako teren przeznaczony dla rozwoju pod nieruchomosci czyli glownie domy mieszkalne. Sama wartosc ziemi nie rosnie wcale tak duzo ale jesli porownamy cene pustej bezwartosciowej parceli do 30 lat pozniej tej samej parceli zawierajacej nowo wybudowana nieruchomosc to wychodzi bardzo duza roznica cen. Czasami zostaja pojedyncze dzialki niewykupione przez budowniczych w poblizu lub pomiedzy terenami zabudowanymi przez budowniczych. Chociaz sama cena dzialki wzrtasta to jednak nie jest ona rowna cenie dzialki z terenu wykupionego przez budowniczych. Glownie dlatego ze wybudowanie pojedynczego domu na jednej dzialce jest duzo drozsze niz wybudowanie takiego samego domu w produkcji wieloseryjnej na terenie zakupionym przez budowniczego. Koszt pojedynczego domu rosnie dodatkowo poniewaz budujacy go przyszly wlasciciel wydaje duzo pieniedzy na specjalne, wazne dla niego szczegoly. Z kolei nastepny wlasciciel w przyszlosci nigdy nie bedzia zainteresowany tymi szczegolami. Wlasciciel takiej pojedynczej dzialki marnuje tyle pieniedzy na budowe pojedynczego domu oraz na przystosowanie go do swoich widzimisie ze traci caly zysk z roznicy w cenie ziemi.

Specjalny przypadek byl chyba w Polsce ze wartosc ziemi a wlasciwie nieruchomosci bardzo wzrosla. Mysle ze to nie wartosc wzrosla tylko zmienil sie przelicznik zlotowki do dolara amerykanskiego.

Dalai Lama.

Potrzeba czegos wiekszego, lepszego niz rzeczywistosc.

Mlodzi ludzie sa otwarci na swiat i wierza ze moga cos zmienic, zawojowac, zbudowac lepsza przyszlosc.

Czesc mlodych ludzi jest zdolna. Ida na studia. Na studiach ucza sie nowych rzeczy. Otwieraja sie im horyzonty myslenia a poniewaz nie maja obciazen doswiadczeniami zyciowymi dochodza do interesujacych wnioskow na przerozne tematy nawet te powszechnie uznawane za fakty.

W Ameryce jest tak samo. Mlodzi ludzie zaczynajacy studia na uniwersytetach i collegach sa pelni energii. Widza co zlego dzieje sie w spoleczenstwie, polityce, gospodarstwie, srodowisku naturalnym.

Aby wyzwolic rozprezajaca ich energie mlodzi ludzie w amerykanskich wyzszych szkolach lacza sie pod roznymi haslami, tworza demonstracje, protesty.

Jest to bezuzyteczne bo nikt ich nie bierze powaznie pod uwage oraz nieszkodliwe poniewaz zwykle sa to pokojowe wystapienia. Zachowania mlodych nazwijmy ich intelektualistow moga byc pozyteczne.

Wystarczy ich troche podburzyc, pokierowac i mozna ich energie wykorzystac do wlasnych celow. Obserwujac mlodych mozna rozpoznac kto z nich pedzi niczym owca za przodownikiem stada, kto nadaje sie na przodownika stada a kto rozumie sytuacje i nie daje sie manipulowac. Z drugiej strony nie ma niebezpieczenstwa ze wymkna sie spod kontroli poniewaz w kazdej chwili mozna zrobic prowokacje, wprowadzic do akcji policje i najaktywniejszych oraz tych co zadaja niewygodne pytania zaaresztowac, fikcyjnie skazac, zrobic im kryminalny rekord przekreslajacy cala przyszlosc.

Duza czesc mlodych ludzi jest zbyt leniwa na dzialanie lub w szybkim czasie zorientowala sie o bezsilnosci wszelkich prob i daje za wygrana. Madrzejsi i silniejsi psychicznie zaczynaja wykorzystywac swoja energie i umiejetnosci w celu zdobycia umiejetnosci zapewniajacych im najlepsza przyszlosc.

Duza grupa popada w apatie. Zaczynaja spedzac czas w nocnych klubach, na piciu alkoholu, zazywaniu narkotykow. Najwrazliwsi i najslabsi psychicznie zaczynaja sie interesowac jakims kultem, nieznana religia lub czyms dziwnym egzotycznym.

Zainteresowanie odleglymi filozofiami.

Egzotyka zawsze przyciaga wiec wielkie rzesze mlodych ludzi przewijaja sie przez miejsca gdzie ktos wyglasza odmienne opinie. Cala komercjalna Ameryka sledzi uwaznie gdzie przebywaja mlodzi oraz jakie maja zainteresowania. Podazajac za nimi oraz ksztaltujac im opinie zapewnia sie rynki zbytu na najblizsze lata.

Mlodzi, jeszcze nie zepsuci ludzie sa wyczuleni na punkcie krzywdy. Jesli komus na swiecie dzieje sie cos zlego mlodzi wspolczuja, chca pomoc a przynajmniej interesuja sie tym tematem.

W przypadku gdy zainteresowanie mlodych kieruje sie na grupe krzywdzona przez amerykanski biznes sprawa jest wyciszana. Natomiast gdy zainteresowanie wzbudza grupa popierana przez panow Ameryki wtedy robi sie wszystko aby to rozdmuchac oraz wlaczyc okolicznosci sprzyjajace sprzedazy produktow.

Chiny sa ogromnym ludnosciowo krajem ale ludnosc jest trzymana w garsci. Wszelki rozwoj przemyslowy, gospodarczy jest sterowany, stymulowany, tlumiony z zewnatrz. Zawsze jednak istnieje niebezpieczenstwo ze Chinczycy zaczna sie buntowac powodujac niepodleglosciowy konflikt zbrojny.

Gdzies tam w gorach w Tybecie istnieje malenka ok 1000 osobowa grupa spoleczna ktora wolalaby byc niezalezna niz podlegac sasiadujacym Chinom. Ta grupa nie liczy sie wcale poniewaz jest malutka, bez jakichkolwiek sil przemyslowych, intelektualnych a na ich terenie nie ma zadnych surowcow naturalnych. Na czele tej malenkiej grupki stoi Dalai Lama. Niby nic ale ta grupka moze byc przydatna amerykanskim wladcom w przypadku gdyby Chinczycy zaczeli stanowic zbyt duza sile i zaczeli jakakolwiek dzialalnosc gospodarcza lub ekonomiczna na wlasna reke. Wtedy pod pretekstem obrony garstki ludzi w Tybecie amerykanskie sily zbrojne moga wkroczyc do Chin aby zrobic tam wlasny porzadek.

Gdyby zaczelo byc slychac cos o Tybecie to w uzgodnionej uprzednio a nastepnie ogloszonej w mediach amerykanskiej opinii publicznej Chinczycy dopuscili sie pogwalcenia praw ludzi z Tybetu.

Adopcja filozofii dla biznesu.

Gdy amerykanski biznes zorientowal sie ze mlodzi sa w tym temacie to zaczeto rozjatrzac, rozdmuchiwac cala historie zwiazana z Tybetem. Zaczeto sprowadzac ludzi z Tybetu lub niby z Tybetu aby opowiadali przerozne historie a rownoczesnie z tym zaczeto reklamowac rozne produkty mody. Jednym z produktow wylansowanych przy tej okazji bylo obuwie Hush Puppies.

Madrosc Dalai Lama oraz cel jego istnienia.

Na fali reklamy wyplynal Dalai Lama ktory powoli stal sie specjalnym, znanym przynajmniej z nazwiska na calym swiecie czlowiekiem. Kto to jest Dalai Lama? Nikt. Przywodca malenkiej okolo 1000 osobowej nieliczacej sie grupy ludzi zyjacej gdzies w gorach. Na wielu wysepkach Pacyfiku zyja podobnej wielkosci grupki ludzi majacych jakichs przywodcow i nikt o nich nie wie. Nie szukajac daleko w Kanadzie glowny wodz przywodca indian Pierwszej Nacji ma pod soba wielotysieczna grupe Indian ale nikt sie nimi nie przejmuje, nawet rzad kanadyjski nie dba gdy tym indianom zabiera sie miejsca zamieszkania, odbiera na sile dzieci i oddaje do adopcji lub przypadkowo czy naumyslnie zatruwa wode przeznaczona do picia.

Dalai Lama jest specjalny poniewaz to wlasnie jemu amerykanscy psycholodzy, socjolodzy pisza ksiazki, obwozi sie go po swiecie niczym kogos znaczacego. W rzeczywistosci jest to tylko sztucznie podtrzymywany punkt ktory moze pewnego dnia byc przydatny do zbrojnego ataku na Chiny.

Biznesy.

Moj biznes.

Moj biznes byl miedzynarodowa korporacja wiec z prawnego, podatkowego, rozliczeniowego punktu widzenia wszystko trzeba bylo robic tak jak w wielkim miedzynarodowym biznesie.

Nie byl to biznes w potocznym rozumieniu tego slowa poniewaz agent znajdywal mi prace ktora wykonywalem a po skonczeniu znajdywal nastepna. Jako biznes ludzie rozumieja cos co kupuje, sprzedaja produkty lub cos produkuje i sprzedaje. Taki potocznie rozumiany biznes ma jakies maszyny, sprzet a produkty mozna zobaczyc i dotknac reka.

Bieda biznes.

Pierwszy rodzaj biznesow to bieda biznes. Ktos zarejestrowal sie a pozniej od czasu do czasu cos robi na przyklad kosi trawe u ludzi, naprawia krany, wkreca sruby czy cos podobnego. Dzialalnosc takiego biznesu polega glownie na kretactwach, unikaniu ksiegowosci, placeniu gotowka, nie placenia podatkow od dochodu. Uchodzi to zwykle plazem poniewaz tego rodzaju biznes zarabia tak malo ze nikomu nie warto go sprawdzac.

Malenki biznes na granicy przetrwania.

Kolejny biznes to jakis malenki sklepik, najczesciej z zywnoscia czy drobna usluga. Najczesciej bywa to tzw. rodzinny biznes. Jesli kobieta w rodzinie i tak nie ma pracy to gdy prowadzi taki sklep i przynajmniej rodzina sie naje z produktow sprzedawanych w tym sklepie to juz dobrze. Takie cos prawie nie przynosi zysku a to co zyskuja to glownie niezglaszanie i nieplacenie podatkow dlatego w takim biznesie jest zatrudniona cala rodzina lacznie z dorastajacymi dziecmi tylko po to aby na wszystkich rozliczyc dochod i nie placic podatkow. Wlasciciel musi sie martwic i szukac gdzie i jak kupic najtansze produkty aby mogly zostac sprzedane po minimalnie wyzszej cenie.

Biznes przynoszacy zysk.

Nastepny typ to taki biznes ktory juz zaczyna przynosic jakis zysk. Dzialalnosc zwykle zaczyna sie w ten sposob ze osoba pracujac u kogos stara sie miec dobre stusunki z klientami. Pozniej sie zwalnia i zaczyna prowadzic konkurencyjna dzialanosc na wlasna reke zaczynajac od wykradania klientow bylemu pracodawcy. Taki biznes zaczyna istniec na rynku a glowna sprawa jest wygryzanie sie z konkurentami, podkradanie konkurentom klientow, operowanie gotowka aby oszukac na rozliczeniach i placic jak najmniej podatkow. Wazne jest aby sie nikomu nie narazic, nie rzucac w oczy poniewaz ktos moglby sie zainteresowac cala dzialalnoscia, zrobic audit wykrywajacy wiekszosc kretactw. Taki biznes placi jakies minimalne podatki od dochodu.

Normalnie dzialajacy maly biznes.

Normalny maly biznes to taki ktory jest ustabilizowany na rynku, ma okreslona grupe klientow, przynosi zyski, rozlicza sie z podatkow od dochodu. Dzialalnosc takiego biznesu w 10% polega na wykonywaniu tego co biznes robi, 30% na obserwacji, walce z konkurencja. Aby miec zyski 50% dzialanosci biznesu musi sie skupiac na znalezieniu takich klientow ktorzy nie placa wlasnymi pieniedzmi. Pozostale 10% pochlania znikanie w tle tak aby sie nikomu nie rzucac w oczy oraz zadowalanie klientow aby oni nigdy nie spowodowali aby ktos zainteresowal sie dzialanoscia. Wspomniane wczesniej szukanie klientow ktorzy nie placa wlasnymi pieniedzmi to prowadzenie takiej dzialalnosci gdzie na przyklad ubezpieczenia placa za wykonywana usluge. Zaklad naprawiajacy samochody wiecej zarabia na naprawach placonych z polis ubezpieczeniowych poniewaz wlasciciele aut nie dbaja ile to kosztuje. Innym rodzajem jest wykonywanie wszelkich prac na zlecenia miasta, prowincji, czesc uslug gwarancyjnych. Bardzo wazne w dzialanosci takiego biznesu jest aby nie podraznic nikogo w instytucjach lub urzedach panstwowych.

Duzy biznes.

Duzy biznes to taki ktory ma pokazne dochody oraz ktory w swojej dzialanosci obraca duzymi pieniedzmi. Wyjasnie to na przykladzie budowniczego. Samo budowanie jest w tym najmniej wazne. Chodzi tylko o to aby znalezc kogos odpowiedzialnego kto zajmie sie wykonywaniem prac, zlecaniem zadan podwykonawcom i nie bedzie nadmiernie oszukiwal wlasciciela biznesu. Dzialanosc budowniczego zaczyna sie od znalezienia taniego terenu pod budowy. Po wykupienia terenu budowniczy musi przekupic, przekonac, zaszantazowac wszelkie lokalne, regionalne wladze aby najpierw wlaczyly ten wykupiony teren w planach rozwoju a pozniej aby otrzymac wszelkie pozwolenia oraz wylacznosc na budowanie. Po otrzymaniu wiekszosci pozwolen budowniczy przekupia lokalnych agentow nieruchomosci aby ci rozreklamowywali dany teren jako bardzo atrakcyjny co pozwala sztucznie windowac ceny. Przez caly czas budowniczy musi napychac kieszenie mniej lub bardziej znaczacych ludzi aby przymykali oczy na wszelkie pociagniecia. Zwykle budowniczy powinien placic podatek od kazdego wybudowanego domu. W takiej sytuacji budowania dzielnicy z domami mieszkalnymi budowniczy zalatwia z lokalnymi wladzami ze zamiast placic podatek wybuduje miastu na przyklad szkole. Dla przykladu jesli powinien zaplacic 2 mln podatku a wybudowanie szkoly kosztuje go tez 2 mln to budowniczy podpisuje umowe na wybudowanie szkoly za 4 mln z czego 2 mln to beda z tych podatkow ktore mial zaplacic a pozostale 2 mln miasto mu zaplaci. W ten sposob nie placi wcale podatku i jeszcze zarabia na budowaniu tej szkoly. Poniewaz budowniczy "wspolpracuje" blisko z lokalnymi wladzami wiec napycha im kieszenie oraz trzyma informacje na ten temat aby w trudnych sytuacjach mogl wladze szantazowac. W zwiazku z tym taki budowniczy coraz czesciej dostaje zlecenia na budowanie czegos dodatkowego tylko na potrzeby miasta. Na przyklad budowniczy dostaje kontrakt na wybudowanie 2 ubikacji za $800 tys. Wszyscy sa zadowoleni bo wladzom nie zalezy ile placa poniewaz idzie to z kieszeni podatnikow, budowniczy sie oblowi a zwykli ciezko pracujacy podatnicy tak czy siak nie maja nic do powiedzenia. Przy okazji wlasciciel duzego biznesu musi miec dodatkowe stosunki z wladzami aby oni nie dopuscili urzedu skarbu do robienia jakichkolwiek kontroli finansowych.

Wielki biznes na skale krajowa.

Wielki biznes na skale krajowa to wlasciwie czysta dzialanosc przestepcza.

Nie ma nic a nic wspolnego z prowadzeniem jakiejkolwiek dzialalnosci. Wlasciciele takiego biznesu nie znaja sie na technicznej stronie ich dzialanosci a wrecz nie wolno im sie znac poniewaz wszelka wiedza techniczna na dany temat bylaby przeszkoda w otwieraniu oraz prowadzeniu biznesu. Dla przykladu ktokolwiek znajacy sie chociaz odrobine na panelach slonecznych wie ze to nie ma najmniejszego sensu wiec mialby trudnosc otworzyc taki biznesu na przekor wszelkiej wiedzy na ten temat. Produkcja elektrycznych samochodow nie ma sensu poniewaz na swiecie nie istnieje wystarczajaco duzo energii elektrycznej aby pokryc zapotrzebowania nawet w 10%. Gdyby dzisiaj zaczeto budowac bardzo duzo elektrowni atomowych (nie wnikajmy czy sa oplacalne lub bezpieczne) to dopiero po 30 latach (tyle trwa budowa) oraz podlaczeniu ich do sieci mozna by zaczac rozwazac elektryczne samochody a i to pod warunkiem ze inne dziedziny zycia nie zwieksza swego zapotrzebowania na energie elektryczna. Tak samo jest z celami wodorowymi gdzie zawsze sie mowi ze wodor jest powszechnie dostepny poniewaz atomy wodoru wchodza w sklad czasteczki wody. Oczywiscie kazdy powinien wiedziec ze rozbijajac czasteczke wody na atomy wodoru i tlenu musimy zuzyc wiecej energii niz mozemy uzyskac z wodoru a co za tym idzie nie mozna marzyc aby kiedykolwiek wodor dla paliwa pochodzil z wody.

Dziedzina w jakiej sie utworzy i bedzie dzialal wielki krajowy biznes zalezy tylko od tego jakich mocnych ludzi zna wlasciciel tego biznesu.

Na poczatek przyszly wlasciciel biznesu albo przekonuje rzad albo gdy on jest mocniejszy kaze rzadowi wprowadzic odpowiednie prawa. Nastepnie kaze rzadowi, sejmowi lub kongresowi uzyc pieniadze zabrane podatnikom i wykonac wiele prac przygotowawczych takich jak wybudowanie specjalnych linii kolejowych, drog itp. Biznes najlepiej dziala jesli jest to kartel czyli wszystkie prace od poczatku do konca sa zlecane firmom bedacym w rekach tego samego wlasciciela. Wtedy na przyklad firma danego wlasciciela zaczyna juz zarabiac na budowaniu drog lub torow kolejowych. Jesli wlasciciel chce zrobic biznes na budowaniu lotniska lub lotnisk to wtedy kaze rzadowi oraz wszelkim federalnym i lokalnym wladzom zatwierdzic budowe lotniska niezaleznie czy jest ono potrzebne czy nie.

Dla glebszego zapoznania sie z metodami prowadzenia wielkiego biznesu na skale krajowa wezmy pod uwage wytwarzanie energii elektrycznej przez panele sloneczne.

Najpierw wlasciciel kaze rzadowi wydac prawo ze za kazda kWh wyprodukowana przez panele sloneczne bedzie sie placic 2 razy wiecej niz innym producentom energii a gdy wlasciciel paneli bedzie potrzebowal ciagnac energie z sieci to on bedzie placil tylko polowe tego co inni musza placic. W takim przypadku wlasciciel moze tylko ogrodzic duzy teren, postawic tabliczke "Wstep wzbroniony!". Podlaczyc z jednej strony kabel ciagnacy energie z sieci oraz z drugiej strony drugi kabel dajacy energie do sieci. W srodku terenu bierze sie i laczy te 2 kable i na kazdej kWh przeplywajacej przez ogrodzony teren zarabia sie czteroktotnie. Nalezy rowniez zabronic rzadowi robienie jakiegokolwioek auditu, porownan, mierzenia ile eneregii ciagnie sie z sieci a ile dostarcza do sieci. Glowna sprawa wielkiego krajowego biznesu zalatwiona. Ale mozna zarobic jeszcze wiecej. Aby to bylo o slonecznych panelach bierze sie kalkulator i kladzie w poblizu polaczen kablowych. Wlasciciel nie jest z tego zadowolony bo mozna zarobic jeszcze wiecej. Kaze on wprowadzic prawo ze od zyskow zwiazanych z jego slonecznymi panelami nie placi sie podatku od dochodu. Malo, trzeba zarobic jeszcze wiecej wiec inna firma w kartelu zaczyna produkowac jakies panele. Produkcja jest bardzo nieoplacalna wiec nalezy kazac rzadowi aby z zabieranych pieniedzy podatnikom dofinansowywac lub w praktyce calkowicie finansowac produkcje paneli.

Prawo jest prawem wiec ktos inny moglby zrobic konkurencje, na domiar zlego konkurent moglby naprawde cos tam energii produkowac. Trzeba wtedy wprowadzic kolejne prawo takie ze jesli ktos uzywa lub produkuje sloneczne panele w najmniejszym stopniu inne niz nasz biznesmen to mu sie dowali podatek za cokolwiek. Taki jest wlasnie powod wprowadzenia "carbon tax".

Wielkie amerykanskie biznesy.

To jest bardzo proste. Calosc akcji sklada sie z cykli. Zacznijmy od jakiegos punktu w danym cyklu.

Wielki biznesmen ma fabryki w Ameryce ktore robia sie przestarzale i przestaja przynosic wielkie zyski.

Biznesmen kaze prezydentowi dac pieniadze jakies ter ro rys tycznej organizacji powiedzmy C IA aby ta organizacja znalazla gdzies na swiecie miejsce najlepiej gdzie sa zloza wegla, ropy naftowej, niklu czy diamentow lub w strategicznym z jakis wzgledow miejscu. Nastepnie ta organizacja za pieniadze od prezydenta znajduje dwie grupy ludzi przynajmniej troche antagonistycznie nastawione do siebie. Wtedy biznesmen kaze prezydentowi dawac pieniadze Cia na zakup ruskiego uzbrojenia dla obu grup oraz finansowania rozpoczecia i prowadzenia wojny pomiedzy tymi dwoma grupami znajdujacymi sie gdzies daleko w innej czesci swiata.

Gdy walka juz trwa biznesmen kaze prezydentowi wyslac wojsko dla utrzymania pokoju. W miedzyczasie jest juz podjeta decyzja ktora grupa ma zwyciezyc a co za tym idzie kto bedzie marionetkowym wladca w tym kraju po zakonczeniu wojny.

Wojsko potrzebuje uzbrojenia wiec biznesmen bierze pieniadze od prezydenta. Lwia czesc chowa do kieszeni a kolejna czesc wykorzystuje na przerozne techniczne (elektroniczne, biologiczne, chemiczne) eksperymenty, badania ktore drogo kosztuja wiec biznesmen przeciez nie bedzie wydawal swoich pieniedzy na to. Jesli ktorys eksperyment sie powiedzie, zostanie wprowadzony w zycie, zacznie przynosic zyski to dochody pojda do kieszeni biznesmana. Pozostala czesc pieniedzy jest uzyta w fabrykach biznesmana na produkcje uzbrojenia dla wojska. Zyski z dzialanosci ida do kieszeni biznesmana.

Wojna w dalekim kraju jest podtrzymywana tak dlugo jak sie da aby fabryki sie rozwijaly i przynosily najwiecej zyskow.

W pewnym momencie w odleglym kraju ludzie nie chca juz wiecej walczyc niezaleznie od tego ile z prezydenta pieniedzy dostaja. Wtedy nalezy ustanowic pokoj oraz marionetkowego wladce.

Biznesmen wtedy kaze prezydentowi dac pieniadze na odbudowe zniszczonego kraju. Odbudowa wyglada tak ze biznesman bierze pieniadze od prezydenta jedzie do tamtego kraju dostaje od marionetkowego wladcy prawo wydobywania czego zechce, produkowania czego zechce oraz gwarancje ze zyski bedzie mogl przez 10 czy 15 lat zabierac sobie w calosci. Za pieniadze prezydenta biznesmen przywozi swoich bezuzytecznych (bo wojna sie skonczyla i nie potrzeba produkcji) pracownikow do budowania fabryk, rafinerii, kopaln. Placi za wszystko pieniedzmi od prezydenta.

Biznesman musi tylko pilnowac aby produkcja w tamtym kraju wymagala zawsze kooperacji z fabrykami biznesmana znajdujacymi sie w Ameryce.

Po paru latach wybudowane fabryki, kopalnie zaczynaja przynosic zysk. Biznesman zgarnia zyski do kieszeni. Nie robi zadnych unowoczesnien bo to kosztuje.

Po kilku latach wszystkie fabryki biznesmana w Ameryce oraz w tamtym kraju staja sie przestarzale, przestaja przynosic duze zyski wiec caly cykl zaczyna sie od nowa.

Czy ktos sie zastanawial skad prezydent ma na to wszystko pieniadze?

Poczatkowa czesc pieniedzy jest z ludzkich podatkow a pozniej?

To proste przeciez ten biznesman jest wlascicielem drukarni dolarow. Mysle ze kazdy wie ze drukarnia dolarow jest w prywatnych rekach. Drukuje wiec pieniadze i pozycza je prezydentowi. Ta pozyczka ma dodatkowy efekt. Jesliby prezydent w ktorys momencie sie zbiesil i nie chcial dawac pieniedzy to mozna zawolac oddanie pozyczki i prezydent bedzie cichy i posluszny.

To nie jest nowa sprawa dlaczego wiec nowy przeydent w to sie wplatuje? Bo on tez jest marionetka.

"Nowoczesne" technologie.

Elektryczny samochod.

Biorac pod uwage rzeczywiste dane opublikowane przez firme produkujaca i sprzedajaca elektryczne auta wynika ze jedno ladowanie samochodowych baterii wymaga 2 razy wiecej elektrycznosci niz dzienne zuzycie przez przecietny dom. Przy rzeczywistym lub zawyzonym przez producenta zasiegu auta na jednym ladowaniu wynika ze w normalnych warunkach jazdy baterie samochodu trzeba ladowac codziennie. Smialo mozna zalozyc ze srednio w kazdym domu sa przynajmniej 2 samochody.

2X2+1=5 z rachunkow wynika ze po przejsciu na auta elektryczne bez zwiekszenia zuzycia elektrycznosci w domu potrzebowalibysmy 5 razy wiecej energii elektrycznej niz dzisiaj.

Aby zapewnic taka ilosc energii elektrycznej musielibysmy dzisiaj zaczac jak szaleni budowac elektrownie atomowe a nie jakies bzdury z wiatrakami lub slonecznymi panelami. Wtedy po 30 latach lub dluzej spoleczenstwo mialoby wystarczajaco energii elektrycznej do zasilania domow i ladowania baterii samochodowych.

Zderzak pana Lucjana Lagiewki.

Pan Lucjan Lagiewka nie ukonczyl uniwersytetow a jest wynalazca samoukiem zajmujacym sie energia kinetyczna. Twierdzi sie ze prawa Newtona sa prawdziwe w przypadku 2 cial bioracych udzial w zderzeniach. Gdy w gre wchodza 3 lub wiecej masy prawa te wygladaja inaczej. Ja uwazam ze prawa Newtona sa zawsze prawdziwe niezaleznie ile roznych mas, obiektow jest w zderzeniach.

W przypadku gdy dwie masy sie zderzaja wszystko jest oczywiste natomiast gdy mamy do czynienia z dodatkowymi masami ktore zamieniaja ruch liniowy na ruch obrotowy sytuacja jest bardziej skomplikowana. W prostym wyjasnieniu wykorzystujac przyklad zderzaka jest tak ze przedmioty sa sztywne. Zarowno przeszkoda jak i zderzak auta sa sztywne. Efekt hamowania zalezy od wielkosci zmiany szybkosci w danym czasie. Jesli samochod jadacy z szybkoscia 100 km/h zacznie hamowac i po 15 sekundach sie zatrzyma to pasazerowie prawie nie odczuja gwaltownosci zatrzymania. Jesli w innym przypadku samochod jadacy z taka sama szybkoscia uderzy w sztywna przeszkode i zatrzyma sie w ciagu 0.1 sekundy to wszystko w samochodzie oraz pasazerowie odczuja bardzo gwaltownie zderzenia a ludzie moga odniesc smiertelne obrazenia. W samochodzie ze zderzakiem skonstruowanym przez pana Lagiewke jest dodatkowe urzadzenie posiadajace duza mase i majace mozliwosc wykonywania ruchu obrotowego. Zderzak jest podlaczony do tej masy obrotowej poprzez przekladnie zebate. W silnikach spalinowych ruch posuwisty tloka w cylindrze zamieniany jest na ruch obrotowy walu napedowego.

Podobnie jest ze zderzakiem. Naciskajac na zderzak mozemy za pomoca przekladni zamienic ruch liniowy zderzaka na ruch obrotowy specjalnej masy. Przy odpowiednio dobranych masach samochodu oraz bezwladnosciowej obrotowej masy znaczna czesc energii ze zderzenia jest zamieniana na nieszkodliwy ruch obrotowy a tylko pozostala czesc dziala na reszte samochodu.

Nie jest prawda ze urzadzenie pochlania energie lub powoduje ze zderzenie nie jest wyczuwalne wewnatrz auta. Chodzi o to ze bez zderzaka skonstruowanego przez pana Lagiewke caly przebieg zderzenia czyli cala zmiana predkosci od predkosci ruchu do zatrzymania odbywa sie w bardzo krotkim czasie powiedzmy 0.1 sekundy. W przypadku samochodu ze zderzakiem pana Lagiewki zderzenie powoduje przesuwanie sie czesci ruchomych napedzajacych mase obrotowa a dopiero pozniej jest przenoszone na reszte samochodu. Jesli przebieg takiego zderzenia trwa o wiele dluzej np 1 sekunde to pasazerowie odczuja zmiany mniej gwaltownie.

Firmy samochodowe nie sa zainteresowane zderzakiem pana Lagiewki poniewaz rzeczywiste zderzenia sa duzo bardziej skomplikowane wiec koszt produkcji w porownaniu ze zwiekszeniem bezpieczenstwa jest zbyt wysoki. Samochody nie zderzaja sie czolowo zderzak w zderzak. Po pierwsze wszystkie zderzaki musialyby byc na tej samej wysokosci. Po drugie wszelkie przeszkody w ktore moze uderzyc samochod musialyby byc na wysokosci zderzaka. Oprocz tego w rzeczywistosci zderzania rzadko sa czolowe lecz odbywaja sie pod przypadkowym katem i punkt zderzenia moze byc gdziekolwiek naokolo samochodu. Aby zbudowac takie zderzaki auta musialyby byc okragle tak jak pojazdy zderzajace sie w wesolym miasteczku. Dodatkowo kazde odchylenie sily uderzenia od kierunku prostopadlego do hamulce powoduje rozkladanie sie sil na skladowe dzialajace w roznych kierunkach a zderzak pana Lagiewki moglby tylko lagodzic ta czesc skladowa sily ktora jest prostopadla do zderzaka.

Tak dlugo jak nasze pojazdy nie wygladaja podobnie do kul bilardowych gdzie naokolo pod kazdym katem i w kazdym kierunku jest zainstalowany zderzak pana Lagiewki tak dlugo ten wynalazek bedzie niewykorzystany.

Perpetuum Mobile.

Trudnosc zbudowania perpetuum mobile nie jest w tym ze jest to niemozliwe.

Nikt nie chce prawdziwego perpetuum mobile. Wszyscy wynalazcy chca zbudowac maszyny ciagle dzialajaca i wykorzystujaca dostepna darmowa energie. Nikt nigdy nie zainwestuje pieniedzy w badania perpetuum mobile poniewaz taka maszyna nie przyniesie nigdy ani zyskow przez pozwalanie uzywania ani mocy przez zabranianie jej uzywania.

Edukacja.

Definicja pojec dla wspolnego jezyka.

Dzieci ktore sa uposledzone w jakims stopniu wymagaja duzej pomocy rodzicow w nauce poniewaz same nie potrafia sobie poradzic.

Dzieci zdolne (nie wiem co ten wyraz naprawde znaczy) pomimo braku pomocy od rodzicow oraz spotykajac okolicznosci niekorzystne i tak potrafia osiagnac sukces w zyciu.

Pojecie sukcesu jest wzgledne. Dla jednej kobiety sukcesem jest stala praca, zdrowa rodzina i dzieci bez wiekszych problemow. Dla kogos drugiego sukcesem jest dlugogodzinna praca w laboratorium a po wielu latach otrzymanie nagrody Nobla. Dla jeszcze innej osoby ktora prawdopodobnie moglaby tez otrzymac nagrode Nobla sukcesem jest zapewnienie sobie wygodnego w miare dostatniego zycia a pozniej korzystanie z roznych przyjemnosci oraz robienie glownie tylko tego co sie lubi.

Mowi sie wiele o inteligencji zwlaszcza tej wrodzonej. W Ameryce testuja bzdurne IQ. Jest ono bzdurne poniewaz dwie rozne osoby odpowiadajace poprawnie na taka sama ilosc pytan moga otrzymac calkiem inna wartosc IQ. Zreszta co to za test gdy mozna sie do niego przygotowac i w ciagu 2 tygodni zwiekszyc sobie IQ o nawet 10 punktow. Statystyki wykazuja ze ludzie z bardzo wysokim IQ przewaznie nie osiagaja w zyciu niczego specjalnego. Wedlug mnie jest to test na uliczny spryt oraz popisywanie sie.

Inteligencja to jest umiejetnosc manipulowania innymi. Oszukiwanie, oklamywanie, przekonywanie oraz wszelkie inne chwyty dozwolone aby osiagnac cel.

Korzystne lub niekorzystne zbiegi okolicznosci.

Czesto mowi sie ze ktos mial szczescie w danym momencie albo ze nieprzewidywalny zbieg okolicznosci popchnal w dobrym kierunku.

Wiekszosc tak zwanych zbiegow okolicznosci nie jest przypadkowa. W zyciu kazdego czlowieka sa pewne etapy, sytuacje, decyzje majace ogromny wplyw na przyszlosc. Trzeba tylko o tym wiedziec i w odpowiednim czasie zareagowac w taki sposob aby wyciagnac nawieksze korzysci. Sa tez przypadkowe pomyslne zbiegi okolicznosci przychodzace do kazdego z nas ale musimy byc na nie przygotowani oraz starac sie ich nie przegapic lecz je wykorzystac.

W dzialaniu ludzkim duzy wplyw ma wspolny kalendarz. Wiekszosc akcji, czynnosci zaczyna sie w tym samym okresie roku. Dzieci na przyklad zawsze zaczynaja szkole jesienia. Zapisy na rozne kursy, treningi sa zwykle o tej samej porze roku. Nie kazde dziecko ma takie same szanse ze wzgledu na kalendarz. Do jednej klasy szkoly podstawowej chodza dzieci ktore urodzily sie w tym samym roku kalendarzowym. Jest przeogromna roznica czy dziecko urodzilo sie w styczniu czy w grudniu poniewaz dziecko grudniowe jest o rok mlodsze czyli fizycznie, intelektualnie mniej rozwiniete. Wiek zawsze odgrywa duza role. Jesli dziecko jest najmlodsze to ma niewielkie szanse na osiagniecie sukcesu poniewaz zawsze bedzie porownywane do starszych kolegow czy kolezanek. Dziecko najstarsze w grupie ze wzgledu na wiek ma najlatwiejsza sytuacje ale to moze spowodowac ze bedzie mniej pracowac nad soba i po pewnym czasie moze stracic przewage wiekowa. Przede wszystkim rodzice a takze nauczyciele powinni dopilnowac aby starsze dziecko pracowalo nad soba wystarczajaco duzo.

W zyciu kazdego czlowieka od najmlodszych lat sa dni gdy jest oceniany wiec wazne jest aby wlasnie w ten dzien byc w najlepszej formie.

Przyklad z zycia wziety.

Syn znajomych byl od najmlodszych lat bardzo zdolnym pianista. W USA jest coroczny konkurs pianistyczny dla dzieci w okreslonym przedziale wieku. Oczywiscie najstarsze dziecko w danej grupie wiekowej ma najwieksze szanse wygrac poniewaz to dziecko uczylo sie, cwiczylo gre o 20% do 30% dluzej niz dziecko najmlodsze. Rodzice oraz nauczyciel naszego znajomego chlopca wyslali go na konkurs w najlepszym momencie. Chlopiec mial bardzo duze szanse wygrac. Rodzice oraz nauczyciel chlopca znajac kilku pozostalych konkurentow oraz umiejetnosci wlasnego dziecka uwazali ze powinien wygrac lub zajac drugie miejsce. Na final konkursu kazdy mial przygotowac jakis utwor. Z punktu widzenia zasad konkursu oraz umiejetnosci nasz mlody artysta mial do wyboru dwie mozliwosci. Jedna to wybrac najtrudniejszy utwor i zagrac go bardzo dobrze lub odrobine mniej trudny utwor i zagrac go wysmienicie. Decyzja byla w rekach rodzicow i nauczyciela. Wybrano mniej trudny utwor. W czasie finalow chlopiec zagral mniej trudny utwor wysmienicie. Drugi konkurent o ktorym mi mowiono, ze byl odrobine gorszy, wybral na final najtrudniejszy utwor i zagral go dobrze. Pierwsza nagrode przyznano temu drugiemu chlopcu glownie dlatego ze zagral najtrudniejszy utwor. Czy nasz mlody artysta byl gorszy? Podobno byl lepszy ale decyzja rodzicow i nauczyciela wybierajaca nienajtrudniejszy

utwor spowodowala ze nasz ulubieniec zajal tylko drugie
miejsce.

Szkola podstawowa.

Postepy, sukcesy lub porazki dzieci w szkole zaleza w najwiekszym stopniu od ich rodzicow.

Rodzice moga byc wyksztalceni lub nie. Rodzice moga uczyc dziecko wielu przedmiotow lub nie uczyc wcale. To nie jest takie wazne. Najwazniejsze jest aby wychowywac dziecko aby widzialo wartosc w edukacji oraz wierzylo ze wiedza wzbogaca zycie. Nastepnie rodzice powinni zorganizowac czas dziecka aby mialo wystarczajaco spokojnego, pozbawionego stresow czasu na przyswojenie odpowiedniego dla wieku materialu przedszkolnego a pozniej szkolnego.

Za moich czasow oceny w szkole podstawowej zalezaly glownie od tego kim byli rodzice dziecka. Jesli rodzice byli postawieni na wysokich stanowiskach to dziecko za takie same odpowiedzi otrzymywalo lepsze oceny a gdy rodzice byli nikim dziecko dostawalo oceny znacznie gorsze niz zaslugiwalo. Bierze sie to stad ze nauczyciel chce zroznicowac oceny a poniewaz musi wlazic do dupy postawionym dobrze rodzicom wiec ich dzieciom zawyza oceny. Z kolei chcac komus dac zle oceny, znajduje bezbronne dziecko ktorego rodzice nie sa wplywowi. Gdy dziecko zacznie sie bronic przed niesprawiedliwoscia nauczyciel nigdy nie przyzna sie do popelnionych niesprawiedliwosci a na domiar zlego zaczyna nieznosic tego dziecka i wtedy wyszukuje okazji aby dziecko ukarac.

Roznice wynikajace z niesprawiedliwego oceniania maja prawie tak wielkie znaczenie jak zdolnosci, systematyczna nauka dziecka.

Oczywiscie w kazdej klasie sa uczniowie zdolniejsi, uczacy sie lepiej, latwiej oraz tacy ktorzy ucza sie tego samego materialu z trudnoscia. Gdy uczen chce zniknac w tle i nie miec zadnych klopotow wtedy zwykle moze zostac sredniakiem bez wzgledu na to kim sa jego rodzice.

W kazdej klasie sa uczniowie ktorzy chca osiagac wszystko glownie przez podlizywanie sie nauczycielowi oraz przez donoszenie na innych. Wiekszosc nauczycieli (za wyjatkiem kilku w filmach bo film to zmyslona historyjka) uwielbia lizusow poniewaz uzyskiwane od nich informacje o innych uczniach w klasie daje nauczycielowi dodatkowe mozliwosci kontroli na klasa.

Jesli mniej zdolny uczen ma jakies trudnosci w nauce to w przypadku gdy jego rodzice sa dobrze postawieni lub gdy jest lizusem nauczyciel chetnie mu pomoze w trudnosciach. Jesli jest to dziecko nielubiane przez nauczyciela to nauczyciel palcem nie kiwnie.

Z drugiej strony gdy dziecko jest bardzo dobre w nauce oraz ma rodzicow dobrze postawionych (najczesciej lizusy nie sa bardzo dobre przewaznie dlatego ze nie musialyby byc lizusami) to nauczyciel zrobi wszystko co w jego mocy aby dziecko wyroznic, pochwalic, wyslac na specjalne reprezentacyjne sytuacje oraz dodatkowo wzbogacic wiedze ucznia.

Bardzo dobre w nauce dziecko majace nieważnych rodzicow rzadko otrzyma dodatkowa pomoc od nauczyciela a wrecz przeciwnie w kazdej sytuacji bedzie dyskryminowane w stosunku do innych dzieci. Sytuacja taka jest trudna dla dziecka poniewaz oprocz tego ze jak wszystkie inne dzieci uczy sie szkolnego materialu, byc moze z wlasnej woli zajmuje sie czyms dodatkowym to jeszcze musi rozgrywac sytuacje z nauczycielem walczac z dyskryminacja. W sytuacjach gdy takie dziecko zasluguje na wyslanie na jakis konkurs lub dodatkowe zajecia jest mu to odmowione a nauczyciel wysyla kogos mniej zaslugujacego. Ta niesprawiedliwosc po kilku latach bardzo ciazy na dziecku i moze mu przeszkodzic w rozwoju emocjonalnym.

W zwiazku z wczesniej opisana sytuacja rola rodzicow dziecka w szkole podstawowej jest ogromna.

Rodzice powinni przypilnowac aby dziecko ktore mialo jakies trudnosci w nauce poswiecalo wiecej czasu na nauke dzieki czemu pokona trudnosci. W przypadku zdolnego, latwo uczacego sie dziecka rodzice powinni czuwac aby dziecko nie "osiadlo na laurach" lecz wzbogacalo jeszcze bardziej swoja wiedze.

Wydawaloby sie ze pozycja, status rodzicow nie moze byc zmieniona ale mozna cos zrobic aby pomoc dziecku. Niby slabo ustawieni rodzice maja niewielki wplyw na szkole. Ja uwazam ze kazdy rodzic moze jednak sporo zrobic. Dla przykladu ojciec ktory nie ma wplywowej pracy a dowie sie o tym ze nauczyciel niesprawiedliwie ocenia jego dziecko powinien pojsc i porozmawiac z nauczycielem. Przed rozmowa powinien sie dobrze przygotowac aby przypadkiem nie rzucac niesluznych oszczerstw. Jesli w czasie rozmowy nie wyglada na to ze nauczyciel zrozumial swoj blad niesprawiedliwego traktowania lub nie zamierza zmienic swojego postepowania w stosunku do dziecka ojciec powinien zareagowac odpowiednio. Niezaleznie jakie stanowisko ojciec zajmuje a im gorsza ma prace tym latwiej nauczyciel zrozumie intencje. Ojciec powinien powiedziec nauczycielowi ze z ich rozmowy wyniklo ze nauczyciel nie zamierza zmienic swojego zlego stosunku do ucznia a w takiej sytuacji ojciec informuje nauczyciela co nastepuje. Rodzicowi nie chodzi o to aby uczen dostawal lepsze oceny niz zasluguje ani aby jakies przewinienia uchodzily mu bezkarnie. Jesli ojciec dowie sie ze nauczyciel kiedykolwiek zle lub niesprawiedliwie potraktuje jego dziecko to ojciec przyjdzie do nauczyciela i wymierzy sprawiedliwosc rozbijajac go na kawalki a proba poskarzenia sie do wladz oficjalnych spotka sie z dodatkowymi sankcjami na miare tego co zrobi nauczyciel.

Ojciec wcale nie musi tak postapic ale postawienie sprawy otwarcie zmusi nawet najbardziej sk..synskiego nauczyciela do zastanowienia sie nad wlasnym postepowaniem w stosunku do uczniow.

Takie postepowanie aczkolwiek bardzo kontrowersyjne i drastyczne jest skuteczne. Wiem to z wlasnego doswiadczenia poniewaz wlasnie taka rozmowe przeprowadzilem z moim nauczycielem w szkole sredniej ktory usilowal mi zaszkodzic ze znanych mnie wzgledow. Ten nauczyciel prawdopodobnie nie wiedzial ze znam powody. On to robil tylko na prosbe trzeciej osoby. Ja nie bylem huliganem wiec na pewno nie dotrzymalbym slowa ale najwazniejsze jest ze sytuacja sie naprawila.

Gdy rodzice czuwaja nad nauka ich dziecka wiedza kiedy przychodzi dzien wazniejszego testu, egzaminu, oceniania a wtedy powinni upewnic sie ze dziecko jest przygotowane na ten dzien najlepiej.

Z drugiej strony problemy, powodzenia lub niepowodzenia dzieci zawsze z czegos wynikaja. Nauka w szkole podstawowej jest bardzo ogolna a wszyscy ludzie sa bardziej uzdolnieni w jednym niz w innym kierunku. Rodzice powinni pamietac ze fakt ze oni sami daialaja w jakiejs dziedzinie na przyklad sa inzynierami nie oznaczy ze ich dziecko ma uzdolnienia w tym samym kierunku. Dziecko moze byc bardziej uzdolnione na przyklad muzykalnie.

Kazdy czlowiek w dowolnym wieku chce byc specjalny, lubiany. Oczywiscie kazdy jest specjalny chociaz czesto moze nawet o tym nie wiedziec. Od rodzicow zalezy aby znalezc w czym dziecko jest specjalne oraz aby pomoc dziecku rozwijanie sie w tej dziedzinie. Bycie specjalnym, lepszym w jakiejs dziedzinie daje wiele korzysci. Ma sie zadowolenie z osiagniec. Jest sie dobrze postrzegane przez innych. Znacznie mniej sie cierpi z powodu nieporozumien w innej lub innych dziedzinach.

Rodzice powinni pamietac ze bardzo wazne jest zauwazanie, uznawanie osiagniec dziecka oraz w miare mozliwosci nagradzanie. Nagroda nie powinna byc w zadnym przypadku finansowa.

Oczywiscie jednych rodzicow stac aby zaplacic roznym nauczycielom, trenerom za prywatne lekcje w czymkolwiek dziecko zapragnie. Innych rodzicow na to nie stac. Jesli kogos nie stac to powinien znalezc jakies publiczne miejsce w ktorym dziecko moze rozwijac swoje zdolnosci. Rozwijanie zdolnosci, nabywanie umiejetnosci zwykle wiaze sie z nauka wiec mozna korzystac z materialow dostepnych w bibliotekach publicznych. Niestety jest wiele takich dziedzin ze osiagniecie wysokich wynikow przez dziecko wymaga duzego wkladu finansowego rodzicow. Nawet w takich sytuacjach wykorzystujac bardzo ograniczone mozliwosci finansowe dziecko moze nabyc znacznie powyzej przecietne umiejetnosci.

Od najmlodszych lat dziecka rodzice powinni pamietac ze zycie nie sklada sie tylko z nauki, pracy, jak najlepszych umiejetnosci wykonywania pracy zawodowej. Bardzo wazna jest strona zachowan miedzyludzkich. Umiejetnosc bycia przynajmniej akceptowanym a najlepiej lubianym w swoim srodowisku, wsrod najblizszych oraz w calej grupie rowiesnikow. Mniej lub wiecej przydatna jest zdolnosc znajdowania sie w nowej grupie srodowiskowej oraz umiejetnosc wspolpracy z innymi. Przydatne w tym celu sa wszelkie umiejetnosci czegokolwiek w stopniu ponad przecietnym.

Rodzice powinni tak wychowywac swoje dziecko aby znalo ono swoja wartosc a dzieki temu nie pozwalalo sie innym ponizac, dyskryminowac.

W Ameryce wciska sie mniej rozgarnietym ludziom ciemnote na temat wlasnej wartosci. Oprah, Tyra Banks oraz wiele innych nibyguru osob ksztaltuje bardzo szkodliwa dla ogolu opinie ze kazdy niezaleznie kim jest ani jaki jest powinien sie czuc swietnie i nie starac sie podobac innym. Prawda jest taka ze jesli my uwazamy ktoras nasza ceche za wielka zalete to jesli wiekszosc innych ludzi tak nie uwaza to prawdopodobnie ta nasza cecha nie ma wartosci. Zwlaszcza Oprah i Tyra twierdza ze w Ameryce jest zbyt duzy nacisk zwlaszcza na modziez aby ladnie wygladac, byc dobrze ubranym oraz posiadac wiele kosztownych rzeczy. Twierdzi sie ze kazdy bezuzyteczny, leniwy, niewyksztalcony zwlaszcza plci zenskiej grubas powinien byc szczesliwy takim jaki jest. A czy ktoras z tych kobiet chcialaby miec meza ktory ma byle jaka malo platna prace. Po pracy przychodzi do domu siedzi w porozciaganych dresach i podkoszulkach a calymi godzinami tylko pije piwo i gapi sie w telewizor?

Wszyscy lubimy atrakcyjnych ludzi. Gdy spotykamy nowa osobe to najpierw widzimy jak ta osoba wyglada. Wtedy wyrabiamy sobie podswiadomie wieksza czesc opinii o tej osobie. Znacznie pozniej zauwazamy jaki jest stosunek tej osoby do nas. Gdy zaczniemy rozmawiac z ta osoba i dowiemy sie dodatkowych szczegolow to nasza opinia moze sie troszke zmienic ale zmiana opinii jest trudna do realizacji.

Niby dla dzieci jest to niewazne ale dzieci staja sie doroslymi wiec jednym z najwaznieszych czynnikow jest atrakcyjnosc seksualna niezaleznie czy chcemy, mozemy liczyc na jakis intymny zwiazek z ta sosoba. Ta atrakcyjnosc zaczyna sie od dobrego wygladu czyli dzieci od najmlodszych lat powinny starac sie aby byc zdrowe, wysportowane, piekne, przyjaznie nastawione do otoczenia.

Stan psychiczny, zdrowotny oraz znajomosc materialu szkolnego z jakim dziecko konczy szkole podstawowa jest podstawa startu w szkole sredniej.

Szkola srednia.

Przejscie do szkoly sredniej jest duzym krokiem w zyciu pociagajacym wiele zmian.

Zmiany sa zwykle dobre.

Przychodzac do nowej szkoly zaczyna sie prawie wszystko na czysto od poczatku wiec mozna pozbyc sie niektorych problemow z poprzedniej szkoly.

Jesli chodzi o oceny to nauczycielom znacznie mniej zalezy wiec oceny sa bardziej zwiazane ze znajomoscia opanowanego material. Pozycja rodzicow ciagle jeszcze ma pewien wplyw ale juz niewielki. Majac rodzicow na waznych stanowiskach dziecko ciagle moze liczyc ze bedzie mialo oceny zawyzone. Inne zas dzieci ktorych rodzice nie sa wplywowi przewaznie nie beda z tego tylko powodu tepieni. Najwazniejsza roznica dla dziecka w szkole sredniej zalezna od pozycji rodzicow jest ze w skrajnych sytuacjach gdy przy prawie rownych zaslugach nauczyciel bedzie wybieral ktoremu dziecku dac jakis przywilej to wtedy moze wybrac dziecko z lepiej sytuowanej rodziny.

Oczywiscie brak umiejetnosci zachowania sie w spoleczenstwie szkolnym, zasluzone i sprawiedliwe lub nie narazenie sie nauczycielowi ciagle spowoduje ze ten wlasnie nauczyciel bedzie kladl przeszkody pod nogi ucznia. Dlatego wlasnie wazne bylo cale nauczanie materialu szkolnego oraz umiejetnosci zachowania w grupie w szkole podstawowej aby nie popelniac kosztownych bledow w szkole sredniej.

Jesli chodzi o przyswajanie materialu nauczania to w szkole sredniej powinno byc latwiej poniewaz uczen zwykle ma mozliwosc wybierania szkoly sredniej a co za tym idzie dobranie profilu bardziej odpowiadajacego temu uczniowi. W zwiazku z profilem szkoly kladziony jest wiekszy nacisk na jedne przedmioty miejmy nadzieje te ktore bardziej odpowiadaja uczniowi a mniej przywiazuje sie uwage do innych przedmiotow ktore miejmy nadzieje sprawialy danemu uczniowi z jakichs wzgledow problem.

Rodzice wraz z dzieckiem powinni bardzo powaznie potraktowac wybor szkoly sredniej.

Uczen w nowej szkole glownie dzieki swojej pracy, postawie i zachowaniu ma mozliwosc znalezienia sie w jak najlepszej spoleczno edukacyjnej pozycji.

Bardzo wazne jest aby uczen rozpoczynal nowa szkole w pelni swiadomy co nowego tam czeka oraz byl jak najlepiej przygotowany do nowej sytuacji. Fakt ze bedzie tam tez czesc wspolucznow z poprzedniej szkoly ale ze wzgledu na pozostalych calkiem nowych rowiesnikow wszyscy beda musieli rozpoczac zdobywanie pozycji od nowa.

Ze strony zdobywania wiedzy uczen powinien dac z siebie wszystko aby dobrze wypasc na wszystkich poczatkowych testach, klasowkach, sprawdzianach oraz przy odpytywaniu przez nauczycieli.

W relacjach miedzyuczniowskich nalezy ze wszystkich sil nie pozwolic nikomu na jakiekolwiek ponizenia, lekcewazenia czy naduzycia ze strony wszystkich innych uczniow. W tym samym czasie nalezy wykorzystac wszelkie umiejetnosci poza szkolne aby zostac zaakceptowanym na jak najlepszej spolecznej pozycji.

W calym okresie nauki w szkole sredniej uczen powinien zdawac sobie sprawe ze zdobyta wiedza biedzie niezbedna oraz bedzie sluzyla w dalszej doroslej czesci zycia. Jesli uczen wybierze dalsze, wyzsze nauczanie to na tej drodze podstawa oraz ciagla towarzyszka bedzie cala zdobyta wiedza w szkole sredniej. Rowniez w przypadku podejmowania pracy zawodowej wiedza ze szkoly sredniej ma bardzo duze znaczenie.

Uczniowie szkoly sredniej sa w specjalnym okresie wiekowym gdzie bardzo wiele sie dzieje. Caly process fizycznego przechodzenia w doroslosc jest zwiazany z emocjonalnym dojrzewaniem. Zaczynaja sie tworzyc, zmieniac przeksztalcac, przyjaznie, sympatie, milosne zwiazki. Kazdy uczen powien byc na to wszystko otwarty ale miec wystarczajaca wiedze aby nie napytac sobie biedy.

Nauka jest bardzo wazna ale sa tez zajecia, zainteresowania pozaszkolne. Trzeba w nich brac jak najwiekszy udzial. Przede wszystkim nauka przeroznych sportow, rozwijanie sportowych umiejetnosci, nabieranie fizycznej sily. Nie wolno zapominac o stronie artystycznej wiec kazdy uczen powinien sprawdzic czy ma w sobie jakies zdolnosci lub przynajmniej zainteresowania artystyczne takie jak muzyka, spiew, malarstwo, rzezba, teatr, taniec. Im wiecej tematow sprawdzimy, sprobujemy tym latwiej bedzie nam ukierunkowywac dalsze zycie.

Szkoly wyzsze, uniwersytety.

Rozpoczynajac szkole wyzsza wkracza sie w prawie dorosle zycie. Wyniki w nauce zaleza prawie tylko od przyswojonej wiedzy oraz umiejetnosci wykazania sie ta wiedza. Typ, rodzaj, jakosc ukonczonej szkoly wyzszej wraz z ocenami na dyplomie w glownej mierze uksztaltuja mlodemu czlowiekowi, absolwentowi przyszlosc finansowa, status w spoleczenstwie oraz jakosc zycia. Ciagle znajomosci i wplywy przez cale zycie beda miec duze znaczenie wiec na przyklad mlody lekarz po dyplomie latwiej znajdzie sobie praktyke lekarska majac w medycynie wplywowych rodzicow. Czesc absolwentow bedzie pracowac dla swoich rodzicow lub krewnych. Wieksza czesc populacji po ukonczeniu wyzszej szkoly w dalszej czesci zycia bedzie zdana tylko na siebie.

Kazdy czlowiek ma jakies zainteresowania, zdolnosci w tym czy innym kierunku wiec powinno to byc brane pod uwage przy wybieraniu kierunku studiow a pozniej przyszlej pracy zawodowej. Nalezy jednak pamietac ze trzeba cos jesc oraz pieniadze sa potrzebne dla zapewnienia przyszlosci zarowno wlasnej jak i calej rodziny. Nawet najbardziej interesujaca, ulubiona dziedzina zycia musi dostarczac przynajmniej minimum potrzeb finansowych.

W okresie studiowania nalezy przywiazywac duza uwage do przedmiotow i tematow ktore wydaja sie najbardziej przydatne w przyszlej pracy zawodowej.

Kolejnym waznym celem w okresie studiow jest znalezienie partnera lub partnerki na reszte zycia. Mowie o tym dlatego ze w czasie studiow mlodzi ludzie sa juz dorosli ale jeszcze nie maja prawdziwego, doroslego, pelnego obowiazkow zycia. Maja duzo czasu na kontaty towarzyskie a co za tym idzie duza mozliwosc poznania tej najwazniejszej osoby. Po zakonczeniu studiow i podjeciu pracy zawodowej przychodzi wiele problemow, obowiazkow oraz znacznie mniej czasu na kontakty towarzyskie. Dodatkowo wtedy kregi towarzyskie rowiesnikow gwaltownie sie zawezaja. Dla osob juz pracujacych szukanie kogos na wspolmalzonka jest juz pewna trudnoscia, praca wymagajaca sporego nakladu czasu, wysilkow oraz przemyslen. W czasie studiow przebywa sie w wiekszosci czasu pomiedzy rowiesnikami wiec jest nam duzo latwiej znalezc partnera.

Gdy studia sa ukonczone trzeba znalezc prace, ulozyc sobie cale przyszle dorosle zycie.

Powodzenia!

O chorobach.

Nadcisnienie.

Ani przyczyny ani mechanizmy powstawania nadcisnienia nie sa znane.

Nadcisnienie czasami powstaje w czasie ciezkich i gwaltownych chorob, powiklan przy porodzie itp.

W takich przypadkach po ustaniu choroby cisnienie krwi wraca do normy. Innym przypadkiem jest gdy ktos bedac w zlym stanie psychicznym zaczyna jesc za duzo i w krotkim czasie przybierze duzo na wadze. Jesli wtedy zauwazy sie nadcisnienie a osoba zmobilizuje sie i w ciagu paru miesiecy wroci do normalnej wagi cisnienie moze tez wrocic do normy. W pozostalych przypadkach nadcisnienie mozna nazwac choroba cywilizacyjna to znaczy ze powodowana jest przez nadmierny stres do ktorego organizm ludzki nie jest przystosowany lub przyczyna sa jakis substancje chemiczne w jedzeniu, powietrzu lub calym otoczeniu czlowieka. Moze byc zwiazane z nadmiernym nasyceniem jakiegos promieniowania radiowego, radarowego, telefonicznego lub kosmicznego. Jak na wstepie powiedzialem nikt naprawde nic o tym nie wie.

Moje osobiste obserwacje pokazaly ze nadciagniecie miesni krzyza w kregoslupie powodujac silny, czesto powtarzajacy sie bol lub moze jakies drobne uciski, uszkodzenia rdzenia kregowego powoduja obnizenie cisnienia krwi. Moze to byc tylko szok organizmu a moze naprawde jest jakos zwiazane z rdzeniem kregowym.

Gdy nadcisnienie jest rozpoznane pacjent musi zazywac lekarstwa. Zaczyna sie od malej dawki jednego lekarstwa ktore moze byc stosowane w roznych problemach ukladu krwionosnego, pracy serca a zmniejszanie nadcisnienia jest tylko drobna czescia dzialania tego lekarstwa. Gdy to nie wystarcza podaje sie mocniejsze lekarstwa w coraz wiekszych dawkach. Czesto pacjent musi przyjmowac rownoczesnie kilka roznych lekow. Skoro nieznane sa mechanizmy powstawania nadcisnienia to leki nie zmniejszaja bezposrednio cisnienia krwi tylko powoduja szkody w organizmie jak rozrzedzanie krwi, zwalnianie, oslabianie pracy serca lub rozluzniania zyl i tetnic. W zwiazku z tym lekarstwa maja powazne skutki uboczne na przyklad opuchniecia nog ktore czesto wymagaja kolejnych lekarstw naprawiajacych szkody. Moze szkodliwe ale lepiej cos tam troche zepsuc innego niz nic nie szkodzic a pozwolic aby nadcisnienie w bardzo krotkim czasie zniszczylo nerki, serce, watrobe lub cos innego. Niektore lekarstwa maja takie dzialanie ze po okresie paru miesiecy zazywania organizm nie moze sie bez nich obyc. Nie jest to wielki problem poniewaz tak czy inaczej pacjent nigdy nie przestanie potrzebowac lekarstw na nadcisnienie. Sa tacy filozofki, cwaniaczki ktorzy mowia ze brali lekarstwa a pozniej im przeszlo i przestali brac ale to jest wredne klamstwo wprowadzajace w blad innych chorych bo za chwile cwaniaczki musza znowu brac lekarstwa i to w wiekszych ilosciach. Lekarz zwykle przepisuje mniejsza dawke ktora stopniowo zwieksza az do momentu gdy cisnienie wystarczajaco sie obnizy. Robienie eksperymentow ze zmniejszaniem dawki lub zaprzestaniem brania leku jest glupota pacjenta a bezgraniczna podloscia innych zachecajacych do takich eksperymentow.

Po pierwsze jak wiemy to nie mozna sie wyleczyc z nadcisnienia.

Po drugie glupi eksperyment ze zmniejszaniem dawki lub zaprzestaniem brania leku nie wykazuje roznicy natychmiast. Gdy pacjent przestanie brac leki to na drugi, trzeci dzien nie ma zmiany a cisnienie utrzymuje sie na takim samym poziomie. Po paru dniach lub tygodniu cisnienie zaczyna skakac do gory i wracac do normy co pacjent moze uwazac ciagle za dobry znak.. Po 10 dniach do dwoch tygodni cisnienie wzrasta i juz zostaje na wysokim poziomie. Pacjent wtedy rozumie ze eksperyment sie nie udal wiec zaczyna brac leki jak przed eksperymentem. Niestety po eksperymencie wymagana jest wieksza dawka co dla pacjenta oznacza ze musi zazywac wiecej szkodliwych lekarstw. Poniewaz dawki sa w wartosciach 5mg, 10mg itp to oznacza ze pacjent teraz musi brac o jedna tabletke dziennie wiecej lub tabletke o podwojnej zawartosci. W przypadku gdy pacjent nie ma ubezpieczenia eksperyment bedzie go kosztowal ponad $1 dziennie czyli dodatkowo ok $400 rocznie.

Przynajmniej jedno z lekarstw na nadcisnienie Norvasc jest przyswajane od 45% do 230% lepiej w obecnosci soku z grapefruita. Oznacza to ze w zaleznosci od organizmu pacjent zawsze popijajac Norvasc sokiem z grapefruita moglby zazywac tylko od 0.4 do 0.7 tabletki. Po pierwsze jak wczesniej wspomnialem tabletki nie sa produkowane w ulamkowych dawkach a tylko w wielkosciach takich jak np 5mg, 10mg wiec bardzo trudno byloby odmierzyc dawke wielkosci 0.7 tabletki. Po drugie reakcja organizmu na sok moze sie zmieniac wiec pacjent musialby monitorowac swoje cisnienie bardzo dokladnie co jest bardzo trudne w praktyce. Najniebezpieczniejsze jest to ze gdy pacjent nie bedzie monitorowal dokladnie cisnienia oraz bral niedokladnie odpowiedniej wielkosci dawki to cisnienie bedzie sie wahac czyli sie rozhusta a to moze spowodowac pogorszenie sie choroby. Nawet przy najlepszych staraniach ilosci i jakosc soku oraz obecnosci lub brak innych pokarmow w ukladzie trawiennym moze powodowac duze roznice w ilosci przyswajanego lekarstwa. Wniosek jest taki ze tego typu eksperyment wymaga bardzo duzych staran ze strony pacjenta. Lekarz jest lekarzem aby dobrze zarabiac i nie miec klopotow a nie po to aby az tak specjalnie zajmowac sie jednym pacjentem. W zwiazku z tym lekarza nie interesuje w najmniejszym stopniu oszczedzenie organizmu pacjenta przez podawanie mniejszej ilosci szkodliwego lekarstwa. Zaden lekarz nawet wiedzac o dzialaniu soku z grapefruita nie bedzie sobie tym pupy zawracal.

Badania statystyczne wykazaly ze ludzie w Ameryce jedza zbyt duzo soli. Sol znajduje sie w bardzo wielu posilkach. Wszyscy pamietamy sniadania w restauracjach hotelowych gdzie gorace kielbaski sa tak slone ze az wykreca. Ja nie lubie wiekszosci potraw ulubionych przez amerykanow i uwazam ze nie spozywam nadmiaru soli. Zmniejszenie spozywania nadmiernej ilosci soli obniza cisnienie. Kolejnym czynnikiem uwazanym za obnizajacy cisnienie jest gdy ludzie malo ruszajacy sie zaczynaja regularnie uprawiac gimnastyke. Badania wykazaly ze zmniejszenie spozywania soli, alkoholu oraz intensywna gimnastyka moga obnizec cisnienie od 5 do 7,8 punktow.

Rozwazmy co obnizenie cisnienia o 5 do 7 punktow oznacza w praktyce.

Cisnienie 120/80 lub nizsze uwaza sie za normalne. Cisnienie do 135-139/85-89 uwaza sie za przed nadcisnienie czyli poczatkowy okres choroby. Cisnienie wyzsze niz to jest dobiero uznawane za chorobe.

Gdy w czasie wizyty lekarz zmierzy cisnienie 127/87 to nawet nie wspomni pacjentowi poniewaz to moze byc spowodowane malym stresem zwiazanym z koniecznoscia wizyty u lekarza. Jednorazowa wartosc cisnienia nie ma znaczenia tak czy inaczej. Wyglada wiec ze to przednadcisnienie moze byc wykryte tylko u hipochondrykow ktorzy cale zycie tylko wyszukuja sobie chorob lub u kogos chorego na cos innego i odwiedzajacego czesto lekarzy. U wiekszosci ludzi niewielki wzrost cisnienia nie bedzie nigdy wykryty. Tylko w takim przypadku majac cisnienie np 128/88 i ograniczajac bardzo ilosc spozywanej soli, nadmiaru alkoholu oraz uprawiajac intensywna gimnastyke pacjent moze nie brac przez jakis czas lekarstw na nadcisnienie. Po pewnym czasie bedzie musial tak czy inaczej poniewaz jesli nadcisnienie zaczelo rosnac to bedzie wzrastac coraz bardziej.

Ludzie ktorzy maja nadcisnienie wielkosci do 140/92 do 180/120 nawet jesli zmniejsza je o 5-7 punktow do wartosci odpowiednio 135/87, 175/115 musza brac lekarstwa.

Jak widac puste gadanie o nie braniu lekarstw a stosowaniu innych naturalnych metod wymienionych wyzej plus spozywanie czosnku, cebuli, bananow nie ma prawie zadnego znaczenia w rzeczywistosci.

Oczywiscie nie jedzac nadmiernej ilosci soli, nie spozywajac nadmiernie alkoholu oraz gimnastykujac sie i spozywajac zdrowe jedzenie w kazdym przypadku pomagamy organizmowi.

Nadkwasota.

Nadmiar ilosci kwasow powyzej lub ponizej zoladka potocznie jest okreslany terminem nadkwasoty. Jak wiekszosc mitow nie ma to nic wspolnego z chronicznie nadmierna iloscia produkowania kwasow przez organizm.

Osoby spozywajace ciezkostrawne pokarmy moga spowodowac ze organizm bedzie produkowal za duza ilosc kwasow aby sobie poradzic z tym pokarmem. Tak dlugo jak kwasy sa w zoladku wszystko jest w porzadku. Od czasu do czasu kwasow jest tak duzo ze ich cisnienie powoduje ze gorny lub dolny zawor zoladka nie moze ich utrzymac wewnatrz zoladka i pozwola na wylewanie sie kwasow do dwunastnicy lub do przelyku powstaje szkodliwe zjawisko. Obecnosc kwasow powyzej lub ponizej zoladka jest zauwazane dopiero gdy kwasy lub ich pary zaczynaja draznic gardlo i pacjent zaczyna pochrzakiwac lub w obecnosci jakichs bakterii zaczynaja sie tworzyc bolesne nadzerki w tkance zwane wrzodami. Pierwszy objaw daje sie zauwazyc w barach, restauracjach gdy ludzie miewaja chrypke po wypiciu alkoholu. Gdy sytuacja nie trwa dlugo, pacjent przestaje naduzywac alkoholi i innych ciezkostrawnych posilkow wszystko wraca do normy. Jesli zawory powyzej i ponizej zoladka oslabia sie przez dlugotrwale nadcisnienia w zoladku lub w wyniku dlugotrwalego stresu, napietej sytuacji pacjenta wtedy mamy do czynienia z choroba chroniczna. Nastepuje mechaniczne oslabienie, uszkodzenie dzialania zwieraczy. W takich przypadkach nie ma lekarstwa na wyleczenie zwieraczy. Jedyna mozliwoscia unikniecia podrazniania tkanki dwunastnicy, przelyku lub gardla przez kwasy zoladkowe jest sztuczne zmniejszenie ilosci produkowanego kwasu w zoladku. Mozna to zrobic przez podawanie srodkow chemicznych, lekarstw co jest najczesciej stosowane. Innym sposobem jest przejscie pacjenta na bardzo scisla diete i spozywanie pokarmow nie wymagajacych duzej ilosci kwasow zoladkowych do rozkladu. Gdy pacjent pozostanie na takiej diecie przez dluzszy czas zoladek oduczy sie produkowania wiekszej ilosci kwasow. Mniejsza ilosc kwasow oznacza ze cisnienie w zoladku jest mniejsze ze oslabione zwieracze potrafia utrzymac zawartosc w zoladku. Wydawaloby sie ze pacjent jest wyleczony ale wlasciwie to zwieracze jak byly oslabione tak sa oslabione w dalszym ciagu a za to zoladek jest rozregulowany i juz nigdy nie bedzie w stanie poradzic sobie z normalnym posilkiem. Sa hochsztaplerzy ktorzy twierdza ze znaja takie lekarstwa, sposoby na wyleczenie o ktorych firmy farmacautyczne nie chca aby ludzie wiedzieli. Jako niby lekarstwo uznawany jest ocet jablkowy (apple cidar vinegar) spozywany tuz przed posilkiem. To jest po prostu bzdura. Dzialanie tego jest podobne do dzialania alkoholu w postaci kieliszka wodki lub kieliszka wina wypitego na apetyt. Gdy sie wypije cos takiego kwasnego organizm ma dostarczony kwas do zoladka co byc moze w odpowiednich ilosciach nie jest zle gdyz zoladek zaczyna trawic od razu, od pierwszego kesa a nie dopiero po chwili gdy sie zorientuje ze wrzucamy mu jedzenie jak do worka. Taki alkohol pobudza a byc moze wspomaga dzialanie sokow trawiennych. Hochsztaplerzy zalecaja celowo bardzo specjalny vinegar aby bylo prawie niemozliwe go kupic. Ludzie wtedy uzyja inny vinegar a gdy nic nie pomoze to beda sobie myslec ze to dlatego ze nie uzyli tego specjalnego a przy okazji oszust nie bedzie definitywnie zdemaskowany. Kolejnym dzialaniem kieliszka wodki lub wina jest to ze alkohol szybko jest wchlaniany do krwi i dociera do mozgu gdzie majac dzialanie uzalezniajace zamyka pewne polaczenia i wprawia osobe w stan wiekszego zadowolenia. W takim stanie szkodliwe skutki i efekty wylewajacego sie kwasu z zoladka sa odbierane mniej wrazliwie.

O mitach i innych zabobonach.

Porzekadla.

Wszystko co sie potocznie mowi i co sie potocznie uwaza za prawde nie jest prawda.

Przyslowia madroscia narodu.

Pewnie ze tak. Madry narod zmysla bzdury, nazywa je przyslowiami. Glupi ludzie w to wierza wiec mozna im mieszac w glowach. Madry narod wie ze to same klamstwa wiec postepuje inaczej i na tym bardzo duzo zyskuje,

"Gdy slonce czerwono zachodzi to bedzie mroz albo deszcz albo cos tam jeszcze"

Odkad najstarsi ludzie nie pamietaja zawsze ci starsi mieli reumatyzm albo inne dolegliwosci i na zmiane pogody odczuwali lamanie w kosciach albo bole glowy czy cos podobnego. Ludzie byli tez bardziej zblizeni do przyrody wiec odczuwali to bardziej niz my teraz w uprzemyslowionym swiecie. Gdy starszy czlowiek stwierdzil ze jutro bedzie deszcz czy inna zmiana pogody to sie go pytano skad on to wie. Nie odwazyl sie nigdy powiedziec ze tylko mu sie tak wydaje poniewaz go w kosciach lamie bo by go wysmiali a wtedy stracilby powage oraz status medrca w spoleczenstwie. Popatrzyl wiec taki starszy czlowiek na niebo na chmury, na slonce i co mu przyszlo do glowy to powiedzial. Jak zwykle w takiej sytuacji stadna natura ludzka powoduje ze inni posluszno nasladuja albo chca tez czerpac korzysci wiec powtarzaja to samo i dodaja swoje trzy grosze.

"Gdy w czasie deszczu tworza sie babelki na wodzie to bedzie dlugo padac."

A to bzdura wysmienita ale zawsze mozna zmieniac wielkosc tego dlugo. Czasami nawet po minucie juz nie jest dlugo zwlaszcza ze mozna twierdzic ze babelki przestaly sie tworzyc co jest oczywiste skoro deszcz przestal padac.

Powietrze i jego skladniki jako gaz rozpuszczaja sie w cieczy, jaka jest woda. Ilosc rozpuszczonego gazu zalezy glownie od cisnienia, temperatury oraz mieszania czyli sztucznej interwencji. W naturalnych warunkach wszelkie mieszanie odpada no chyba ze mamy na mysli wodospad Niagara a to calkiem inna historia. Gdy gaz wychodzi z wody to czasami napiecie powierzchniowe powoduje ze woda tworzy wokol tego gazu jakby balonik i wtedy powstaja banki. Napiecie powierzchniowe wody jakie jest takie jest wiec nie zalezy od tego jak dlugo deszcz bedzie padal. Napiecie jest wieksze gdy woda a zwlaszcza powierzchnia wody jest zanieczyszczona roznymi chemikaliami. Tak jak w wannie gdy dodamy duzo mydla to powstaje piana. W naturalnych warunkach zanieczyszczenie wody nie zmienia sie gwaltownie. Jedynie brudny deszcz moze zwiekszac napiecie powierzchniowe sprzyjajac powstawaniu babelkow. Gdy kropla deszczu uderza o powierzchnie wody wtedy wytraca znajdujace sie tam powietrze ktore chce uchodzic do powietrza ale jest lapane przez napiecie otaczajacej wody i tworzy babelek. Im wiecej gazu chce opuscic wode tym wiecej babelkow. Wiaze sie to ze stopniem nasycenia. Jesli maksymalny stopien nasycenia gazu w wodzie sie zmniejsza wtedy coraz wiecej gazu musi opuscic wode. Zmiana wielkosci maksymalnego nasycenia zalezy od cisnienia oraz temperatury. Gdy cisnienie gwaltownie sie zmniejsza czyli barometr spada wtedy coraz mniej gazu moze byc w wodzie a nadmiar wychodzi tworzac babelki.

Wniosek pierwszy babelki tworza sie gdy w czasie deszczu bardzo szybko przemieszcza sie front niskiego cisnienia powodujac zauwazalny spadek cisnienia.

Mozemy zauwazyc ze powierzchnia calego akwenu wodnego nie jest jednakowa. Tam gdzie woda jest plytsza lub stoi nieruchoma nie mieszajac sie tam temperatura przy powierzchni jest wyzsza. Gdy temperatura jest wyzsza wiecej gazu musi opuscic wode. Krople deszczu padajac wytracaja wiecej gazu oraz tworza wiecej babelkow na plytkiej cieplejszej czesci powierzchni. Dodatkowo jesli padajacy deszcz jest cieplejszy od wody to spadajac do wody, miesza sie z woda i powoduje wzrost temperatury a co za tym idzie tworzy wiecej babelkow.

Wniosek wiec jest taki ze najwiecej babelkow tworzy sie na plytkiej stojacej wodzie gdy temperatura wody deszczowej jest wyzsza niz temperatura wody w akwenie a dodatkowo moze pomagac gwaltowny spadek cisnienia atmosferycznego.

"Ayers Rock w Australii."

Miliony lat temu gwaltowne warunki atmosferyczne, burze, ulewy, cyklony itp. przez miliony lat odlupywaly kawalki skal, granitu i ziemi, ktore spadaly na powierznie i mieszaly sie z blotem Wszystko ukladalo sie na powierzhni i rozprzestrzenialo. Wygladalo to tak jakby zlewajaca sie masa, lawa plynela, rozplywala sie dalej i dalej. To wszystko przez miliony lat utworzylo twarda plyte pokrywajaca powierzchnie ziemi. Ponad 20 mln lat temy ruchy plyt tektonicznych naciskajac na siebie spowodowaly przelamania plyty i naciskajac bardziej jeden koniec plyty zostal wypchniety do gory ponad drugi kawalek. Przez nastepne miliony lat ziemia, skaly rozkruszaly sie i opadaly nizej co w koncu odslonilo kawalek wczesniej wspomnianej plyty. Ta skala wystaje troszke ponad powierzchnie ale duzo wieksza jej czesc jest gdzies w ziemi i ciagnie sie kilometrami. Gdy sie to oglada widac tylko czubek wygladajacy jakby ktos polozyl bardzo duzy kamien.

Starzy medrcy mieszkajacy w tej okolicy Australii wiedza i opowiadaja jak to sie stalo ze ta skala tam jest. Mowia ze dwoch braci poszlo sie bawic i z blota ulepili kawal kuli, bryly polozyli na ziemi i powiedzieli do sie "Zrobilismy cos dobrego".

Uwazam ze porownanie tego mitu z blotem do prawdziwego powstania skaly gdzie granit i inne skladniki przez miliony lat jakby plynely jest absurdalnie naciagniete.

Na Hawajach mity glosza ze jakis Bog wyciagnal skale z dna oceanu i powstala wyspa. Jesli cos wystaje z wody to nikt by nie staral sie innym wmowic ze to spadlo z nieba. Z drugiej strony to prawda ze skaly z dna oceanu siegaja powyzej powierzchni wody i to sa wyspy. Czy poziom oceanu sie obnizyl a cos co bylo pod powierzchnia wyszlo na wierzch czy tez tektoniczne ruchy wypchnely jakis kawalek plyty az powyzej poziomu wody nie ma zadnego znaczenia.

Ludzie zawsze chca byc powazani i uznawani. Sprytniejsi starsi wymyslaja historyjki dodaja do uprzednio wymyslonych lub koloryzuja i opowiadaja aby ich sluchano a co za tym idzie uznawano.

Jadac na sliskiej powierzchni pod gore albo w sniegu kola sie slizgaja bo przyczepnosc jest mniejsza i ciezko jest wyjechac samochodem. Gdy kierowca jest niepewny wtedy filozofy zawsze doradzaja nie dodaj gazu. Rada swietna bo gdy nie wyjedzie bedzie sie mozna posmiac ze kiepski kierowca a tez bedzie mozna sie popisac samemu ze sie potrafi wyjechac pod gore.To fakt ze gdy sie jedzie na sliskim pod gore czy z gory to nie nalezy gwaltownie z glupoty dodawac gazu aby nie zerwac przyczepnosci bo wtedy samochod moze wpasc w poslizg. Jak zaznaczylem wczesniej aby nie stracil przyczepnosci. W sytuacji sliskiej nawierzchni a zwlaszcza pod gore samochod wlasnie stracil przyczepnosc i kola zaczynaja sie slizgac. Aby jakos zyskac choc troche wiecej przyczepnosci i jakos sie wygramolic trzeba niegwaltownie ale szybko i zdecydowanie dodac gazu wiecej i wiecej a jesli to konieczne to do dna. Gdy kola traca przyczepnosc samochod cofa sie do tylu. Jednak przyczepnosc jest jakas malutka im szybciej kola sie kreca tym wiecej przyczepnosci sie dostaje az jest jej na tyle ze zrownowazy sie slizganie do tylu. Gazu trzeba dodac od razu i bardzo duzo. Wtedy sila bezwladnosci pomoze. Jesli dodamy gazu za malo kola zaczna sie bardziej slizgac i wyslizgaja powierzchnie w jednym miejscu co spowoduje zmniejszenie przyczepnosci.

Jesli dodamy gazu duzo od razu to zanim droga pod kolami sie wyslizga to auto troche nabierze szybkosci, troche zlapie przyczepnosci na sniegu lub chropowatym lodzie i wyjedziemy.

"Potulne ciele dwie krowy wyssie."

Absolutnie nie. Mlynarski spiewal "wywrotowa" piosenke o dwoch koniach ze ten hardy to mial z tego jakis zysk a potulny tylko w pysk. Jesli ktos jest potulny jak to ciele to go nikt nie traktuje powaznie i wszyscy na nim jezdza jak na dzikiej swini. Dwie krowy wyssie ktos bez honoru i bez ambicji. Gdy go wykopia i napluja na niego to sie oblize i powie ze to deszcz pada i znowu sie bedzie podlizywal az wyssie.

"Dom jest swietna inwestycja."

To jest prawda tylko wtedy gdy rodzice kupia dom za 200tys, zaplaca pozyczke z procentami ok 450tys, dodadza do domu na dodatki i utrzymanie w uzytecznosci nastepne 100tys. Po wielu latach dzieci dostana dom i sprzedadza go za 300tys wtedy powiedza ze swietna inwestycja bo rodzice kupili dom za 200tys a dzieci nie kiwnely palcem a maja z tego 300tys.

"Koty siadaja na tzw. zylach wodnych"

Koty siadaja tam gdzie moga obserwowac a nie byc widziane, gdzie sa przynajmniej 2 drogi ucieczki w obliczu niebezbieczenstwa a takze tam gdzie sie przyzwyczaily. Siadaja tez tam gdzie siedzi czlowiek poniewaz jesli duzy "kot" tam siada pewnie jest to dobre miejsce.

Podsumowujac mozna powiedziec ze ludzie powtarzaja zaslyszane historyjki i mity aby cokolwiek powiedziec gdy nie maja nic do powiedzenia. Wiekszosc nie wie o co chodzi ani ile w tym prawdy ale tak sobie powtarza. Kilka osob wie ze to nie jest prawda ale i tak powtarzaja bo jesli inni w to wierza to beda popelniac pomylki. Wiedza jest bardzo wartosciowa.

"Opinie na temat jak rozwiazac jakis problem."

Mowiacy ze cos jest latwe przewaznie nie maja pojecia o co chodzi wiec jest im latwo powiedziec ze cos jest latwe. Pare osob ktorzy znaja sie na tym i wiedza jak to zrobic moga powiedziec ze nie jest takie trudne. Dla pozostalych ludzi ten problem jest zwykle trudny do rozwiazania.

"Demokracja w Grecji"

Uwaza sie ze pierwsza demokracja byla wprowadzona w Grecji. Przy blizszym przyjrzeniu okazuje sie ze to tylko tak sie nazywalo a wiekszosc zasad byla tak ustawiona ze latwo bylo kogos dyskryminowac, zniszczyc lub wypedzic z miasta.

"Mowi sie ze prasa jest wolna i ukazuja sie artykuly o roznych nieczystych sprawach."

Artykuly sa pelne liczbowych informacji niby dajacych ludziom mozliwosc dokladnego zapoznania sie z faktami. Jest specjalna dziedzina zajmujaca sie nauka pisania artykulow w prasie. Podawane liczby musza byc tak ustawione aby czytelnik nic nie mogl z tego sie dowiedziec. Najprostsza metoda jest podawanie ze jedna czesc omawianego tematu ma/kosztuje/zarabia/zyskuje okreslona sume w dolarach. Druga czesc wzrosla o ilosc procent od poprzedniego okresu. O trzeciej czesci podaje sie jaki ulamek calosci stanowi ilosc jednostek w tej czesci. O czwartej czesci podaje sie wartosc w dolarach o jaka ta czesc rozni sie od ktorejs innej czesci. Wszystkie te dane zgadzaja sie z prawda lub nie ale na wszelki wypadek nalezy przedmiot artykulu podzielic na takie czesci ktore nie sa rozlaczne i maja skomplikowana czesc wspolna nie dajaca sie porownac. Robi sie to dlatego ze gdyby choc jedna informacja dala sie jakos porownac z faktami to bezczelnie uwazny czytelnik moglby dowiedziec sie jednej rzeczy z tego artykulu. Z innego artykulu pisanego przez kogos innego moglby sie dowiedziec drugiej rzeczy i w koncu moglby pozbierac wszystko razem i dowiedziec sie prawdy. Nastepnym prostym sposobem w prasie jest robienie celowej pomylki. Przestawia sie kolejnosc 2 cyfr albo zamiast zwiekszone pisze sie zmniejszone. Wiekszosc ludzi przeczyta i sie nabierze. Jesli ktos powazniejszy bedzie sie awanturowal o przeklamanie to za pare tygodni podane

zostanie sprostowanie napisane malym druczkiem aby nikt tego
nie zauwazyl. Wykorzystuje sie tez nieswiadome pomylki ludzi.
Gdy benzyna wzrosla gwaltownie o 20 centow za litr reporterka
rozmawiala z ludzmi na stacji benzynowej. Ludzie oczywiscie
narzekali a gdy sie jednego zapytala o ile wiecej musi placic za
caly bak to nie umial policzyc i 60 litrow po 20 centow, wyszlo
mu tylko $1.20 wiec stwierdzil ze nie tak strasznie zle.
Naprawde to 20 centow razy 60 daje $12. Na pewno facet by sie
spienil gdyby policzyl dobrze.

Reporterka nigdy nie go poprawila.

"Glupszemu trzeba ustapic."

Bzdura to wlasnie glupszy ustepuje. Madrzejszy tak
wymanipuluje ze nie ustapi i wyjdzie na jego. Co z tego ze
powiedza pol zartem ze glupszemu sie ustepuje skoro
madrzejszy postawil na swoim. Manipulowanie zawsze przy
kazdej okazji i cieszenie sie ze sie to potrafi nie jest szczytem
umiejetnosci bo ludzie sie zrazaja.

Uzywa sie potocznie okreslenia "Inteligecja". Nikt sie nie
zastanawia nigdy co to oznacza. Nie ma to nic wspolnego z tym
jaki ktos jest bogaty, jakie ma stanowisko ani jakie
wyksztalcenie. Inteligencja jest to umiejetnosc manipulowania
innym dla uzyskania wlasnych korzysci. Dlatego tez terrorystow,
szpiegow ktorzy zabijaja, przekupuja, szczuja jednych na
drugich, dokonuja przewrotow w innych krajach nazywa sie po
angielsku inteligencja a po polsku kontrwywiad lub szpiegostwo.

"Kto oszczedza ten sie czegos dorobi."

Bzdura! Nikt nigdy jeszcze nie wzbogacil sie z oszczedzania.
Mozna sie wzbogacic tylko z zarabiania. Jesli ktos mialby pojsc z
torbami za 5 lat to jesli bedzie oszczedzal to moze pojdzie z
torbami za 6 lat. Ale za to przez wszystkie 6 lat zyje jakby juz byl
dziadem. Mozna zamienic sie w biedaka gdy sie rozpuszcza
glupio pieniadze np. Po wyplacie kupuje sie drinki dla kolesiow a
pozniej nie ma pieniedzy na jedzenie. Mozna tez szybko stracic
co sie ma gdy sie kupuje prezenty dla kobiet latwiejszych
obyczajow. Dla kobiety zaden prezent nie jest za dobry a pozniej
kazda spodziewa sie wiecej i wiecej. Znam przyklad mlodego
malzenstwa ktore zdecydowalo ze bedzie przez pierwsze 5 lat
mieszkac u rodzicow, beda oszczedzac na wszystkim aby
uzbierac jak najwiecej i kupic dom. Juz po kilku miesiacach nie
mogli wytrzymac a po 4 latach i wielu awanturach wyprowadzili
sie. Troche uzbierali ale duzo mniej niz sie spodziewali. Po
ciezkich klotniach byli bliscy rozwodu a do dzis z rodzicami nie
rozmawiaja. Za to brat gdy sie ozenil nic nie oszczedzal. Jezdzil z
nowa zona na wczasy i mieli dlugie miodowe miesiace. Na
zadatek na dom rodzice mu dolozyli wiec mial wiecej pieniedzy
niz starszy brat i ciagle jest ulubionym dzieckiem.

Niby marnotrawne dzieci.

Mowi sie ze ojciec czy rodzice zgromadzili majatek a syn wszystko roztrwonil zmarnowal.

Czasami to moze byc prawda gdy ojciec zle traktowal syna i nigdy go nie uznawal za rownego i ciagle mial zbyt wygorowane wymagania. Wtedy syn moze sie buntowac i robic wszystko na przekor ojcu.

Z roztrwonieniem majatku to jest kilka roznych rodzajow. Jeden rodzaj to gdy majatek jest zdobyty na nieuczciwosci. Powiedzmy ze Bill Gates przekazuje wszystko na rece syna ktory jest uczciwy. W ciagu 5 lat firma Microsoft by przestala istniec. Jest wiele malych interesikow ktore istnieja i prosperuja poniewaz wlasciciel oszukuje ludzi, na podatkach itp. Gdy syn przejmuje biznes to zmiana moze powodowac ze ktos sie tym moze zainteresowac i po sprawdzeniu caly majatek jest zabrany.

Nastepny przypadek gdy ojciec ma wiele ukladow z wspolpracujacymi producentami, sprzedawcami. Jesli syn wchodzi do tych ukladow zbyt szybko lub moze zrobic jakies nowe posuniecie to stare uklady przestaja istniec i cale przedsiewziecie upada.

Kolejny przypadek gdy ojciec prowadzi przedsiewziecie ale czasy sie zmieniaja wiec trzeba byc elastycznym i dostosowywac sie do nowej sytuacji. Ojciec zaczyna nie nadazac za zmianami wszystko idzie coraz gorzej. Z zewnatrz wydaje sie ze ciagle jest dobrze ale zuzywany jest nagromadzony kapital. W takim przypadku prowadzenie dzialalnosci kosztuje ojca tyle zdrowia ze nie wytrzymuje i zaczyna chorowac lub umiera. Przejmujacy biznes syn nie ma wplywu na przebieg wydarzen i wszystko traci. Ojciec by tez to stracil ale ojca juz nie ma wiec wszyscy mysla ze to syna wina.

Bardzo specyficznym przypadkiem jest gdy ojciec zrobil fortune na wojnie a syn zyjac w czasie pokoju nie moze powiekszyc fortuny. Zwykle wojny wypadaja co drugie pokolenie.

Jednym z najczesciej spotykanych przypadkow jest ze ojciec znalazl jakas dziedzine gdzie mu sie powiodlo i zarobil fortunke. Syn ma zdolnosci w innym kierunku. Moze jest artysta albo naukowcem. W kazdym przypadku jesli nie ma nosa do tego samego co mial ojciec to nie moze rozwijac ani pomnazac fortuny ojca. Ludzie nie zdaja sobie sprawy ze jesli sie nie rozwija ani nie powieksza fortuny to sie wiekszosc traci. Mysle ze okolo jedna trzecia interesu przepada z jakichs niezaleznych od nikogo powodow. Moze to byc strata spowodowana zmiana sytuacji politycznej panstwa powodujaca wojne lub jakies restrykcje, krach na gieldzie. Moze to byc spowodowane kataklizmami, trzesieniami ziemi, huraganami, powodziami itp. Moze to byc epidemia czy choroby takie jak plaga insektow niszczaca drzewa i niszczaca wszelkie poczynania zwiazane z przemyslem drzewnym. Prawdziwe lub rozdmuchane przypadki choroby krow co blokuje sprzedawanie miesa za granica. Pozostale dwie trzecie interesu trzeba ukrywac i walczyc aby nie zabrali. Jesli komus dobrze postawionemu sie spodoba to nasle urzad podatkowy, moze spowodowac problemy bankowe co utrudnia bardzo lub uniemozliwia prowadzenie jakiejkolwiek dzialalnosci. Chciwi nieuczciwi ludzie i urzednicy staraja sie zabrac ile tylko moga wiec jesli sie nie umie walczyc z nimi to zabiora polowe. Gdy ludzie wiedza o czyims bogactwie czesto staraja sie podac bogata osobe do sadu o wszystko co jest mozliwe i niemozliwe. Im wiecej pieniedzy sie ma, tym wiecej

ludzi o tym wie i tym wiecej chce skubnac cos dla siebie
poniewaz znacznie latwiej jest komus zabrac niz samemu na to
zapracowac. Reasumujac jesli straci sie 1/3 z przyczyn wyzszych.
Z pozostalej czesci 1/3 zabierze nielegalnie ten czy inny urzad,
kolejna 1/3 straci sie na wygranie niesprawiedliwych spraw
sadowych to zostaje tylko 1/3 majatku ktora moze nie
wystarczac na prowadzenie dzialalnosci a nawet moze nie
wystarczyc na utrzymanie sie na znacznie nizszym poziomie
zycia.

Ludzie z glowa do interesu.

Zawsze ciekawilo mnie jak to jest z tym nosem do interesu.

Bardzo czesto slyszy sie ze dzieci, glownie synowie bardzo bogatych ludzi w Ameryce wyjezdzali do Europy a po powrocie stawali sie swietnymi ludzmi interesu.

Naprawde to jest tak. Synalkowie z bogatych rodzin jechali do Wloch czy innych krajow w Europie a tam pili, bawili sie. Wczesniej lub pozniej popadali w kolizje z prawem. A to mieli z kims przypadkowym dziecko, byli zamieszani w bojki, narobili zniszczen czyjegos mienia, Narobili tyle dlugow ze nawet dla ich rodzicow ciezko bylo to uregulowac. W takiej sytuacji bogaty amerykanski rodzic wysylal karna ekspedycje aby wyciagnac synalka z wiezienia lub zalagodzic straty a synalka tak czy siak sciagnac do domu. Niemozliwe aby rozpuszczeni mlodzi ludzie nagle zmieniali sie w respektowanych ludzi interesu. Chodzilo po prostu o to ze ociec bral syna i przedstawial go wszystkim wspolnikom, kooperantom jako przyszlego spadkobierce. W ten sposob ojciec prowadzil dalej interesy a synalek mial czas zorientowac sie w sytuacji. Wydawaloby sie ze taki synalek nie mogl byc lepszy od innych ludzi ktorzy ukonczyli bardzo renomowane uczelnie. Wlasciwie ukonczenie uczelni oraz znajomosc na jakims temacie bardzo utrudnia rozwoj przedsiebiorstwa.

Przyklad. Czy ktos z wiedza i odrobina zdrowego rozsadku chcialby wprowadzac panele produkujace elektrycznosc z energii slonecznej? Nie, bo to jest nieekonomicznie. Za to ludzie interesu moga cos takiego wprowadzac z wielkim sukcesem. Robia to tak. Zalatwiaja sobie z rzadem aby wprowadzic prawo ze za kazda ilosc energii ktora oni wyprodukuja ze slonecznych paneli beda mieli placone 3,4 razy wiecej niz inni normalni produkujacy elektrycznosc w dawny, dobry sposob. Zostanie im to doplacone z ludzkich podatkow. Natomiast gdy kiedykolwiek oni beda potrzebowali dokupic elektrycznosci z normalnych elektrowni to beda placili polowe tego co wszyscy inni ludzie. W ten sposob nawet nie majac zadnych slonecznych paneli a tylko stacje przelacznikowa przy pomocy ktorej kupuje sie elektryke za polowe ceny a sprzedaje za 3 razy wiecej niz normalna cena dochod kwitnie. Jesli na boku ma sie bzdurna fabryke slonecznych paneli to tez mozna dostac dodatkowe rzadowe dotacje i cos tam produkowac, sprzedawac samemu sobie. Mija czas i ich spryt sie zwieksza. Okazuje sie ze ktos ich jakos zaczal sprawdzac wiec teraz mowia ze nie moga produkowac wystarczajaco elektryki bo powietrze ma za duzo CO_2 wiec za malo slonca. Wpadli wiec na pomysl ze trzeba sloneczne panele wyrzucic. Jak to wyrzucic z zyskiem? To proste, Wyslac to na ksiezyc. Teraz dopiero nabiora od rzadu pieniedzy wydartych ludziom zarabiajacym ledwo na chleb, naprodukuja paneli lub nawet nie beda marnowac pieniedzy na produkcje. Dobiora jeszcze wiecej pieniedzy z ludzkich podatkow i powiedza ze wyslali to w kosmos lub na ksiezyc. Nikt nie bedzie tego nawet musial widziec.

Na tym polega dzialalnosc wielkich kwitnacych przedsiebiorstw. Dogaduja sie z innymi takimi jak oni sami i tworza jakas bzdure tak aby ludziom mydlic oczy a wszystkie zyski sa tylko wylacznie z ludzkich podatkow.

Wezmy nastepny przyklad. W jakiejs firmie dochod jest zbyt maly wiec trzeba zmniejszyc koszty. Najlatwiej jest to zrobic przez zwolnienie czesci pracownikow. Kto potrafi to zrobic lepiej? Czy znajacy sie na temacie i ludziach wyksztalcony czy tez ktos lekkomyslny, chytry na pieniadze?

Znajacy sie na rzeczy sprawdzi co kto naprawde robi i zwolni tych ktorzy nie robia nic dobrego i sa zbyt duzo platni.

W rezultacie wyksztalcony, znajacy sie na rzeczy zaoszczedzi duzo na zarobkach ludzi zwolnionych, przestanie placic kuzynom i znajomym wspolprzedsiebiorcow a zatrzyma tylko dobrych fachowcow. Fachowcy nic mu nie pomoga poniewaz zyskowna dzialalnosc przedsiebiorstwa nie ma wiele wspolnego z jakoscia produktu. Za zwolnionych znajomkow ich wspolnicy nie pomoga kombinowac a caly zaklad zostanie zniszczony.

Bezwzgledny sprawdzi kto ma znajomosci i tych zostawi w spokoju a zwolni wszystkich innych ktorzy najwiecej zarabiaja.

W ten sposob lekkomyslny i bezwzgledny zaoszczedzi na placach mniej ale zwolni tez tych ktorzy sie chociaz troche znali na produkcji. Poniewaz zostawi w spokoju ludzi ze znajomosciami to ci wlasnie ludzie dzieki powiazaniom pomoga zaklad pokierowac w takim kierunku ktory bedzie przynosil zyski. Dodatkowo zwolnieni fachowcy nie beda upominac lub przeszkadzac w robieniu bezuzytecznych produktow.

Miec nosa do interesu.

Sa ludzie ktorzy nadsluchuja kto ma wladze i robi duze dobre intersy. Trzymaja sie tych ludzi. Jesli mozna to ich ssa a jesli nie to staraja sie robic to co ci "wielcy" z nadzieja ze tez na tym samym zarobia.

Eksperci.

Kto to sa eksperci?

Nazwa brzmi powaznie.

Eksperci to sa ludzie ktorzy ukonczyli dwu lub trzy tygodniowy kurs dla ekspertow. Na kursie nauczyli sie odpowiedniego zachowania.

Eksperci udaja ludzi bardzo pewnych siebie. Nigdy nie wahaja sie przed udzielaniem odpowiedzi.

Eksperci uzywaja mocnych slow takich jak "tak", "nie", "zawsze", "nigdy", "musi sie", "nie wolno" itp. Mowia innym co robic lub czego nie robic oraz strasza ze cos okropnie zlego sie wydarzy jesli sie nie poslucha opinii lub rady ekspertow.

Statystyki wykazuja ze eksperci myla sie w swoich przepowiedniach w 80% przypadkow.

Eksperci maja bardzo ograniczona wiedze w temacie ich ekspertyz. Jest to dla nich dobre poniewaz nie musza rozumiec co mowia a co za tym idzie bez glebszej wiedzy nie wahaja sie udzielac rad.

Dlaczego ktokolwiek potrzebuje lub slucha ekspertow?

To proste! W swiecie biznesow wlasciciele biznesow musza podejmowac decyzje oraz musza zyc ze skutkami ich decyzji. Oni nigdy nie potrzebuja ekspertow.

Jest wiele ludzi pracujacych w nieswoich biznesach ktorzy podejmuja decyzje. Dobre decyzje przynosza biznesom zyski oraz pochwaly od wlascicieli. Zle decyzje przynosza straty, czasami ogromne stray wiec zasluguja na kary. Aby uniknac kar od wlascicieli biznesow ludzie podejmujacy decyzje uzywaja ekspertow dla ochrony wlasnych tylkow. Im wiecej ekspertow oraz im bardziej powazniejsi eksperci zalecali podjecie zlej decyzji tym lepsza wymowka. Przeciez nie wypada ukarac za zla decyzje skoro tylu ekspertow zalecalo podjecie takiej wlasnie decyzji.

Prosze chociaz raz posluchac co mowia eksperci i od razu zobaczymy jaka plytka jest ich wiedza. Nawet nie wspomne ekspertow ktorzy sa oplacani tylko po to aby dawac zle rady.

O ludzkiej inteligencji.

Dzieci rodza sie z roznymi talentami lub brakiem zdolnosci w jakims kierunku. Najwiecej zalezy jak zostana pokierowani w pierwszym okresie zycia. Gdy rodzice zauwaza u dziecka talent w jakims kierunku to moga dziecko wyslac na specjalne zajecia lub w inny sposob rozwijac pokazujacy sie talent. Gdy przegapi sie wczesny okres i nie zacheci dziecka caly talent moze sie umarnowac. Z drugiej strony prawie kazde dziecko zmuszone, podstepnie zachecone moze nabyc jakies umiejetnosci znacznie ponadprzecietne. Rodzice musza byc madrzy i wiedziec czy dziecko naprawde ma talent czy tylko jest zmuszane do talentu. W kazdym przypadku trzeba nauczanie dobrze wywazyc aby nie odebrac dziecku normalnego zycia bo pozniej nawet bedac swiatowej slawy dziecko staje sie czlowiekiem nienadajacym sie do normalnego zycia.

W odroznieniu od talentu kazdy czlowiek potrzebuje umiejetnosci porozumienia sie, wspolpracy z innymi ludzmi oraz kontaktow socjalnych.

Czasem problem powstaje gdy dziecko jest wychowywane tak jak w militarnym systemie, gdzie sa nagrody i kary. Nie nagradza sie czesto poniewaz nagradzanie powinno byc za jakas specjalniejsza dzialalnosc ktorej okazja nie nadarza sie czesto. Nagrody kosztuja wiec nagradza sie rzadko. Karac tez wlasciwie nie wolno chyba ze podopieczny popelnil cos bardzo zlego. Pozostaje wiec tylko system pozwalania na cos i zabraniania czegos. W takim systemie militarnym dziecko szybko orientuje sie ze opiekun moze tylko pozwolic na cos lub czegos zabronic. Podopieczny wie ze prosby, negocjacje, pertraktacje, dobrowolne wykonywanie dodatkowych czynnosci (w odroznieniu do normalnego swiata) nie pomoga ani nie zaszkodza. Za to dzieci wiedza ze zabranianie czegos jest jedyna wladza opiekuna. W zwiazku z tym podopieczni nigdy nie prosza o to na czym im zalezy aby nie prowokowac odmowy lub zakazu. Takie dzieci dorastajac moga nie umiec prosic, targowac sie, pertraktowac przez cale zycie. Dzieci te udaja, zamieniaja wartosc wlasnych pragnien i twierdza ze czegos nie chca po to tylko aby im to dano.

Kiedys sierzant spodziewal sie gosci wiec poprosil swojego przelozonego aby mu nie dawac specjalnej sluzby na ten czas. Przelozony oczywiscie dal mu dodatkowa sluzbe tylko po to aby udowodnic kto tu rzadzi. Nastepnym razem gdy sierzant spodziewal sie gosci poszedl do przelozonego i poprosil o dodatkowa sluzbe poniewaz jego zona zamierza robic generalne porzadki. Przelozony powiedzial ze nie moze mu dac dodatkowej sluzby. Sierzant mial dzien wolny na spedzenie czasu z goscmi w domu

Umiejetnosci i talenty ludzkie nie sa w zaden sposob zwiazane z inteligecja. Prosze zauwazyc ze slawny zwlaszcza w Ameryce wskaznik IQ nie ma nic wspolnego z inteligencja. Jak badania wykazaly ludzie z wyzszym IQ nie robia lepszej kariery niz ludzie z nizszym IQ. (Nizszy i wyzszy w pewnych granicach. Ja nie mowie o porownaniu 150 do 30) Po pierwsze jest to wskaznik falszywy skoro dwie rozne osoby odpowiadajac poprawnie na ta sama ilosc pytan moga uzyskac rozne wyniki IQ. Po drugie do testu IQ mozna sie przygotowac (zapoznajac sie z wariantami roznych typow pytan) w ciagu 2, 3 tygodni co spowoduje znaczaco lepszy wynik. Poniewaz nikt nie moze stac sie bardziej inteligentny po 2, 3 tygodniach nauki mozemy stwierdzic definitywnie ze IQ to bzdura. Jak wiemy nie ma "trzech latwych lekcji madrego myslenia".

Inteligencja to jest umiejetnosc manipulowania ludzmi.

Mowi sie potocznie ze klamstwo to jest cos zlego. Wszyscy ludzie klamia. Zwierzeta tez klamia. Jesli uznac za klamstwem jest tylko gdy sie mowi cos co nie jest prawda to zwierzeta poniewaz nie mowia nie moga klamac. Jak w takim razie nazwac kameleona ktory zmienia kolor aby sie ukryc? Drapiezniki czaja sie i udaja ze spia, nie poruszaja sie po to aby ofiara podeszla blizej. Kuropatwa udaje ze jest ranna, przewraca sie po to aby za nia pedzic a kuropatwa odciaga napastnika od swojego gniazda az do momentu gdy jest wystarczajaco daleko i wtedy odlatuje. Klamstwo i inteligencja sa blisko ze soba powiazane. W polityce nie ma klamstwa a tylko robienie wszystkiego co mozliwe np. podpisywanie bzdurnych traktatow pokojowych aby miec czas na lepsze uzbrojenie lub wmawianie ze atak byl przypadkowy itp po to tylko aby osiagnac cel za wszelka cene.

Przywary, niedoskonalosci meskich charakterow sa czesto wspominane nawet przez komediantow. W zwiazku z tym sa powszechnie znane. Aby utrzymac sie w duchu tytulu ksiazki bede opisywal przede wszystkim o kobietach.

Kobiety sa inteligentniejsze niz mezczyzni poniewaz kolezanki, babki, matki ucza corki, wnuczki, kolezanki jak uzywac sexu do manipulowania mezczyznami. Potocznie mysli sie ze mezczyzni nie powinni manipulowac kobietami. Dlaczego wiec ci mezczyzni ktorzy potrafia manipulowac kobietami maja zawsze wiele kobiet wokol siebie. Czy ktos slyszal aby kobiety stwierdzily ze manipulujacy mezczyzna jest zly i wszystkie zaczely go unikac? Nie, wlasnie kobiety leca na manipulujacych nimi mezczyzn. Za to gdy jakis mezczyzna nie pozwolil kobiecie na manipulowanie ale zrobil to w sposob uczciwy bo powiedzial jej to prosto z mostu i zerwal z nia uznawany jest za zlego.

Kobiety zachowuja sie w nieprzewidywalny sposob i mieszaja wszelkie plany, oczekiwania. Mezczyzna kochajacy pozwala kobiecie na takie zachowanie a za chwile ta wlasnie kobieta go rzuca. Zachowanie kobiet jest glownie po to aby znalezc mezczyzne ktory nie pozwoli na szarpania we wszystkie strony. Gdy po krotkiej walce kobieta stwierdzi ze ten facet jest silniejszy to ona sie uspokaja bo wie ze znalazla tego jedynego dla siebie. Kobiety prawie nigdy nie klamia poniewaz w mysleniu kobiecym nie ma pojecia klamstwa. Jest tylko zgadzanie sie, ulagodzanie sytuacji gdy im zalezy na mezczyznie lub rozjatrzanie kazdej spornej sytuacji gdy im nie zalezy na mezczyznie. Czesc mezczyzn potrafi manipulowac kobietami i na poczatku znajomosci udawac ze sluchaja, zapamietuja pare drobnych szczegolow o kobiecie a pozniej udaja ze sa tacy troskliwi az do momentu gdy znajda sie w lozku.

Kobiety manipuluja mowiac ze facet wykorzystal je tylko do sexu. A czy one nie mialy przyjemnosci z tego? Czy to nie bylo dobre, przyjemne dla kobiety? Wykorzystac do sexu to znaczy namieszac dziewczynie w glowie mowieniem, grozeniem aby miala sex z kims innym za pieniadze lub innego typu korzysci dla wykorzystujacego.

Najwiecej i najczesciej ludzie (zarowno kobiety jak i mezczyzni) klamia prowadzac przedsiewziecia. Nie bede wnikal glebiej a tylko wspomne najczestszy przyklad. Ktos wyzej postawiony w firmie mowi ze jest potrzeba aby pracowac wiecej i wyprodukowac wiecej wiec pracownicy przez bardzo krotki okres sa zacheceni do dluzszych godzin pracy. Po tygodniu lub dluzszym okresie w czwartek, najchetniej tuz przed jakims swietem (long weekend) przynoszony jest tort i w czasie przerwy w pracy swietuje sie swietna prace pracownikow. Nastepnego dnia w piatek tuz przed zakonczeniem dnia pracy pracownicy maja zaplacone oraz otrzymuja informacje ze nie sa wiecej potrzebni w pracy.

Gdy Bill Gates i Warren Buffett byli na spotkaniu ze studentami w jakiejs uczelni, chyba w Nebrasca. Na pytanie jakie cechy, umiejetnosci sa potrzebne aby awansowac w organizacjach zarzadzanych przez Gatesa i Buffetta obaj zgodnie nawet nie wspomnieli ani o umiejetnosciach wykonywania zawodu ani o wyksztalceniu. Powiedzieli ze nawazniejsza cecha jest manipulowanie innymi. Preferowani sa tacy ktorzy potrafia rozpoznac kto z pracownikow ma jakie umiejetnosci, lub jakich mu brak oraz jak reaguje na roznego typu sytuacje i polaczyc ich w uzyteczne grupy a nastepnie upodobnic sie do ludzi w grupie. Druga kategoria to taka ktora potrafi innych przekonac i wykorzystac jak najbardziej do pracy. Osoby ktore maja obie cechy i potrafia wymanipulowac wszystkich najszybciej beda awansowac.

Ludzie potrafiacy nauczyc sie wielu roznorodnych umiejetnosci, wykonywania roznych prac tez mogliby nauczyc sie jak manipulowac innymi. Wszystko zalezy od wychowania w domu. Gdy w domu uczy sie dzieci uczciwosci, dobrej pracy oraz zacheca do zdobycia zawodu dzieci beda miec zamknieta droge do awansu w zyciu poniewaz zaden kierownik nie przeniesie dobrego pracownika na inne, wyzsze stanowisko. Po co? Przeciez ten ktos jest dobry tam gdzie jest. Jesli w domu wychowuje sie dzieci tak aby myslaly ze sa pepkiem swiata a wszyscy powinni byc ich podwladnymi oraz zacheca sie ich do nabywania umiejetnosci manipulowania tak jak to pokazano w filmach o rodzinie Kennedy to dzieci rozumia od malego ze lepiej i latwiej jest wymanipulowac kogos do wykonania pracy niz samemu sie trudzic. Takie wlasnie wychowywanie przynosi sukces.

Wiele ludzi ma zdolnosci do manipulowania innymi. Manipulowanie musi byc madre aby przynosilo korzysc a nie obracalo sie przeciwko manipulujacemu. Gdy najpierw bedac dziecmi pozniej doroslejac ktos zauwaza ze ze wzgledu na swoj atrakcyjny wyglad lub umiejetnosci miedzyludzkie moze uzyskac wiecej od innych niz reszta ludzi wtedy ten ktos zaczyna manipulowac czesciej oraz doskonalic te umiejetnosci. Madrzy ludzie wiedza ze "co za duzo to i pies nie zje". W takim przypadku manipuluja tylko w waznych sprawach oraz czasem dla sportu i w celu rozrywki dla wszystkich sprawdzaja na co ludzie z najblizszego otoczenia reaguja. Nikt nie lubi byc manipulowany wiec nie lubimy ludzi ktorzy manipuluja nami zbyt czesto. Sa ludzie ktorzy uwazaja ze moga kazdego przekonac do tego czego im sie zachce. To jest wlasnie niemadre poniewaz manipulujac kims o raz za duzo traci sie wszystko. W takich przypadkach manipulacja idzie swietnie przez jakis czas a pozniej niby dalej idzie dobrze ale manipulowany zaczyna sie czuc zle w sytuacji i najpierw po cichu a pozniej otwarcie utnie jak nozem i zerwie stosunki. W pracy wykorzystywany pracownik do czasu jest bardzo pozyteczny i nie sprawia klopotu a gdy sie przekroczy granice wtedy ta ofiara manipulacji zrobi cos na swoja reke i w zlym momencie pokaze wyzszym przelozonym wady manipulatora. Madrzy ludzie wiec manipuluja tylko wtedy gdy naprawde warto a jesli wymanipuluja tak zwanych przyjaciol dla waznych korzysci to zrywaja stosunki nie zalujac tego poniewac warto bylo dla waznego celu.

Poniewaz kobiety sa dumne z umiejetnosci manipulowania same czesto padaja tego ofiara. Gdy mezczyzna cos mowi to czesto slowa maja znaczenie podobne do wyjasnienia znaczen ze slownika. Gdy kobieta mowi to slowa bardzo malo znacza. Najwazniejsze jest zachowanie. Gdy kolezanki sa w sklepie z ciuchami to jedna drugiej nigdy nie powie ze cos jest nie do twarzy albo ze dany ciuch podkresla wady urody. Kolezanki zawsze wpadaja w niby zachwyt nad kazda rzecza a tylko z niewypowiedzianych reakcji jedna stara sie zorientowac co druga mysli. Gdy kobiety sa w grupie to wszystkie potrafia mowic na raz i faceci sie zastanawiaja kto ich slucha a tak naprawde to wymiana informacji nie jest przy pomocy slow tylko przy pomocy zachowan. Starajac sie wytresowac narzeczonego lub przyszlego meza kobieta mowi ze czegos nie chce dajac (nonverbal) znac ze tego wlasnie pragnie. Durni, uczciwi, prostolinijni faceci robia dokladnie tak jak bylo im powiedziane przez co czesto popadaja w nielaske. Srednio madrzy faceci robia wprost przeciwnie do tego co kobieta powiedziala i w poczatkach znajomosci zyskuja duze wzgledy u kobiet. Zakochani mezczyzni pozwalaja soba manipulowac bez umiaru. Wczesniej czy pozniej nawet najglupszy mezczyzna zorientuje sie ze ta jego wymarzona kobieta manipuluje nim oraz ze to co ona mowi nie ma najmniejszego zwiazku z tym co oczekuje od niego. Po wielu latach wspolnego przebywania mezczyzna ma dosc manipulacji i staje sie obojetny na wszystko a chcac miec spokojna glowe to nawet nie slucha co kobieta do niego mowi. W takiej sytuacji kobiety nagle zaczynaja lamentowac ze ich mezowie stali sie obojetni, nie sluchaja co sie do nich mowi, nie staraja sie sprawic kobiecie przyjemnosci. Same sa sobie winne poniewaz przez lata uczyly swoich mezow ze to co mowia nie ma najmniejszego znaczenia. Dulszczyzna nie poplaca.

W prowadzeniu przedsiewziec oraz w polityce manipulowanie, podwladnymi, wspolpracownikami, grupa podleglych ludzi, wrogami oraz przyjaciolmi jest niezbedne do tego stopnia ze na porzadku dziennym jest klamanie i oszukiwanie ludzi nizej postawionych. Trzeba tylko uwazac aby nie rozwscieczyc tlumu bo to moze spowodowac lawinowa nieprzewidywalna reakcje.

Biedni staruszkowie z milionami.

Od czasu do czasu wiesc niesie ze zyla sobie bardzo skromnie jakas staruszka a po jej smierci okazalo sie ze miala wielkie bogactwo, miliony. Po dokladnym przyjrzeniu okazuje sie ze po jej smierci zostal samochod, dom, 100 tys w banku oraz ubezpieczeniowa polisa. Wartosc ponad pol miliona. To niby strasznie duzo na kogos kto tak skromnie zyl. Sprawdzmy dokladniej. Samochod wartosci $300 wiec nie warto wspominac. Dom wiekszosc normalnych ludzi ma splacony zanim przejda na emeryture poniewaz nie mieliby czym splacac i musieliby go sprzedac. $100 tys w banku to duzo na taka staruszke ale poniewaz byla sama, nie mogla na nikogo liczyc wiec chciala miec jakies pieniadze na wypadek choroby. Uzbierala te pieniadze zyjac jak zwierze w schronisku. Polisa ubezpieczeniowa tylko na $30 tys poniewaz chciala byc pochowana jak czlowiek. Dom po latach ma niby wartosc $400 tys. W sumie jest $530,300 liczac dom $400tys, w banku $100 tys, ubezpieczenie $30tys, auto $300. Ile tego naprawde jest? Auto nie warta nic. Ubezpieczenie pokryje koszt pogrzebu. Koszty sprzedania domu ok $25tys a poniewaz nie ma wlasciciela dom pojdzie znacznie nizej. Z banku trzeba zaplacic podatek. Zostanie wiec $350tys z domu, $95 z banku razem $445tys. Jest to dalej dosc duzo. Ile ta pani wartala za zycia? Tylko te $100 tys w banku minus podatek. W domu musiala mieszkac a jeszcze oplacac podatki elektryke, gas itp. Tak to jest ze wiekszosc normalnych ludzi warta po smierci znacznie wiecej niz za zycia. Za zycia czlowiek ledwo wiaze koniec z koncem. W chwili smierci nagle posiada teoretyczna duza wartosc a pozniej po oplaceniu kosztow, podatkow ta wartosc maleje znowu bedac ciagle wieksza niz za zycia.

Jak zrozumiec niby proste sprawy.

Nigdy od najmlodszych lat az do dzisiaj nie moglem zrozumiec kilku niby prostych spraw, powiedzen

- Jak mozna mokra szmata cos wytrzec do sucha

  Tak dlugo jak jest duzo wody do wycierania, zbierania kazda szmata moze sluzyc poniewaz szmate sie wyzyma i zbiera wode dalej. W pewnym momencie zostaje malo wody wiec szmata jest na tyle mokra ze tyle zbiera ile zostawia wiec nawet przecierajac ta szmata calkiem sucha powierzchnie czesc wody ze szmaty zostanie na powierzchni

- Jesli nie wiesz jak sie pisze wyraz to sprawdz w slowniku

  Podstawowa sprawa nikt nie wie ze nie wie. Kazdy przewaznie mysli ze wie chociaz moze sie mylic. Tak, czasami mamy watpliwosci a wtedy mozemy i powinnismy sprawdzic w slowniku. Przewaznie nikt nie jest w stanie sprawdzac kazdego wyrazu na wszelki wypadek. Nauczycielka powinna poprawic wszystkie bledy, wytlumaczyc dlaczego powinno byc tak a nie inaczej napisane. Pozniej podyktowac uczniowi ten sam tekst jeszcze raz. Sprawdzic i tak robic dotad az uczen zapamieta jak sie pisze te wyrazy w ktorych zrobil blad.

- Nie bij slabszego. Jesli jestes taki madry to zbij mocniejszego

Jak sama nazwa wskazuje silniejszy jest silniejszy wiec nie mozna pokonac silniejszego. W momencie gdy pokonujemy silniejszego wtedy my stajemy sie tym silniejszym wiec znowu ktos inny jest slabszy. Swiat jest zly wiec wszedzie silniejsi wykorzystuja slabszych

- Jak facet moze wykorzystac kobiete

Jakim sposobem facet moze wykorzystac kobiete? Czy zaprzyjaznil sie z nia, zdobyl jej zaufanie a pozniej dowiedzial sie co i gdzie ona ma wartosciowego i jej to ukradl? Tak, ale to nie jest wykorzystanie tylko zwykle oszustwo i kradziez, kryminalne przestepstwo. Mowi sie ze wykorzystal ja seksualnie? Jak on to zrobil? Mial z nia seks a pozniej jej za to nie zaplacil? To tez nie jest wykorzystanie tylko oszustwo w transakcji biznesowej. Jak jeszcze inaczej mogl ja wykorzystac? Wynajmowal ja na seks dla kolegow a sam zgarnal wszystkie zaplaty? To jest sutenerstwo. Jak jeszcze? Przychodzil do niej gdy chcial seksu a pozniej sie nie pojawial przez dluzszy czas az do nastepnego razu? A co, czy jej ten seks nie sprawial przyjemnosci? Sprawial tak jak jemu wiec albo wykorzystywali sie do seksu wzajemnie albo nie bylo zadnego wykorzystania. Jesli jej nie sprawialo przyjemnosci albo nie zawsze to dlaczego sie godzila na seks? Moze ona jest taka ze nikt nie chcial z nia nigdy przebywac razem ze wzgledu na obrzydliwy character lub cos innego. Moze to

wlasnie ona placila mu seksem za to aby chodz
przez chwile z nia przebywal czyli wlasciwie to
ona wykorzystywala go a placila mu seksem?

Meska menopauza.

Zacznijmy od kobiet. Dziewczyny w Ameryce Polnocnej obiecuja sobie stracic cnote najpozniej w czasie "prom night". Jesli dziewczyna nie ma chlopaka w ktorym sie kocha to jest szansa ze w ta noc przespi sie z kims mniej lub bardziej przypadkowym. Jasli wpadna to moga sie pobrac i przez lata beda zyc razem. Razem dbac o wspolne zamieszkanie, jedzenie, rozrywki a przede wszystkim o wychowywanie dzieci. Gdy dziewczyna bedzie kobieta po 40-stce, dzieci moga byc na swoim a ona bedzie prawdopodobnie finansowo niezalezna od meza. Wtedy kobieta pomysli sobie ze spedzila tyle lat z facetem w ktorym nigdy nie byla zakochana wiec moze teraz jest odpowiednia pora zrobic cos dla siebie i znalezc kogos do goracego seksu a takze kogos w kim sie mozna wreszcie zakochac i przezyc to co ja do tej pory omijalo. Czy powiemy ze jej cos na starosc odbilo? Pewnie nie. Czy cos zlego w tym ze bedzie szukala przygod z mlodymi dwudziestoparo letnimi chlopakami? Chyba nie, skoro kiedys tego nie zrobila.

Wrocmy teraz do meskiej menopauzy. Kazdy czlowiek mezczyzna czy kobieta moze miec problemy seksualne niezaleznie od wieku. Z wiekiem organizm robi sie slabszy wiec w kazdej dziedzinie spada fizyczna sprawnosc. Meska menopauza zostala wymyslona przez kobiety po to aby one mogly sie czuc lepiej myslac ze facetow to tez jakos dotyczy. Mowi sie ze facet po czterdziestce przezywa menopause poniewaz oglada sie za mlodymi kobietami. Bzdura. Zawsze byly i beda najatrakcyjniejsze dziewczyny w wieku od 16 do 23 lat. 16 lat tylko te ktore rozwijaja sie bardzo wczesnie. Natomiast gdy kobieta w wieku 30 lat wyglada atrakcyjniej niz wygladala w wieku 22 lat to tylko oznacza ze byla opozniona w dojrzewaniu glownie psychicznym gdyz prawdopodobnie fizycznie mogla wygladac lepiej gdy miala te 22 lata tylko ze wtedy nie zadbala o odpowiednie zaprezentowanie sie. Jesli chlopak na przyklad mial seks w prom night i wpadl, ozenil sie z ta dziewczyna, wychowywal z nia dzieci, zarabial na utrzymanie domu to nie mial czasu sie po glowie podrapac. Moze on ozenil sie z ta w ktorej byl zakochany wiec tak samo nie mial czasu na nic a oprocz swojej zony swiata nie widzial. Teraz ten facet po czterdziestce pozbyl sie dzieci ktore poszly z domu na swoje, pozyczka na dom wlasnie splacona wiec nagle, chociaz ciagle zarabia tyle co dawniej, ma duzo pieniedzy poniewaz wydatki zmalaly. Ten facet moze przestac gonic za praca, usiasc i rozejrzec sie dookola. Oczywiscie zauwazy ludzi wokol siebie a dziewczyny w wieku 16 do 22 lat beda najladniejsze tak jak zwykle. Dlatego nie bedzie zwracal uwagi na 60 letnie matrony. Kazdy chlopak chcial miec sportowy samochod najlepiej nowy i z otwieranym dachem. Niestety wiekszosci nie bylo na to stac wiec musieli starymi chevroletami jezdzic. Poniewaz po czterdziestce pozyczka na dom splacona wiec za pieniadze ktorych teraz jest wiecej ten facet chce kupic marzenie swojego zycia czyli pierwsze w zyciu sportowe auto z odkrywanym dachem. Co to ma wspolnego z meska menopauza?

Jesli ten facet wpadl za mlodu i zyl z zona bo tak trzeba bylo to teraz gdy oboje sa bez zobowiazan wobec dzieci oraz finansowo niezalezni to on moze sie rozwiesc aby przezyc wreszcie ta wielka milosc. Po rozwodzie jesli mu sie trafi okazja to moze sie spotykac ze znacznie mlodszymi kobietami poniewaz one sa najatrakcyjniejsze a on ma wieloletnie zaleglosci w tej dziedzinie. Moze za to byc sytuacja ze zechce sie zwiazac z taka duzo mlodsza kobieta a to dopiero jest objawem nienajlepszym. Dlatego ze co innego gdy sie podoba mloda kobieta a co innego znalezc z nia duze porozumienie psychiczne. Dzieje sie tak glownie gdy mloda kobieta jest bez wlasnego zdania, potulna, potrzebuje milosci a facet ja w to jakos wkreci. W takich przypadkach starszy facet traktuje ja jako zabawke, opiekuje sie nia, oplaca finansowo ale nie oczekuje niz wiecej oprocz seksu. Moze tez trafic sie przypadek gdy zly facet nie jest na psychicznym poziomie zdolny do nawiazania uczuc z kobietami w jego wieku a tylko potrafi zbalamucic, zreszta tylko tymczasowo mlodziutka, niedoswiadczona lub psychicznie zraniona dziewczyne.

Co z ta meska menopauza? Ktory to bylby przypadek?

Badz soba.

Byc soba? To idiotyzm ktory przekresli zycie.

Miec swoj style? O tak! Styl to swietna rzecz.

Co to jest styl? Jak miec swoj styl?

Nalezy wybrac sobie cos co jest powszechnie akceptowane ale rzadko spotykane. Cos co nam sie tez podoba. Cos co nam pasuje. Tym czyms bedziemy sie troszeczke roznic od przecietnosci.

Nalezy jednak pamietac ze swiat sie zmienia. Moda oraz cos co jest akceptowane tez sie zmienia wiec my nie mozemy trzymac sie sztywno tej samej rzeczy ktora nazwalismy sobie stylem. Musimy to ciagle zmieniac, modyfikowac do istniejacych warunkow oraz naszych upodoban, innych ludzi upodoban.

Dla przykladu jesli w modzie dziewczyna wymyslila sobie ze bedzie nosic czarna sukienke to tym sie wyroznia, to moze zostac jej stylem. Jesli sa modne mini dziewczyna powinna nosic czarna lub malo kolorowa z przewaga czarnego mini. Gdy jest moda na skore niech sie ubiera w czarne skorzane spodnice, spodnie. Moda sie zmienia na jeansy wiec nich nosi bardzo ciemne o modnym kroju jeansy z dodatkami czarnymi. I tak dalej... Nie mozna ubierac sie ciagle podobnie bo nie bedzie styl lecz dziwactwo.

Dla przykladu aktorka Diane Keaton na uroczystosc pokazala sie dziwnie ubrana wiec zaczeto mowic ze ma swoj styl. Po latach ona ciagle bardzo podobnie sie ubiera wiec uwazaja ze zdziwaczala. Tak jest w kazdej dziedzinie zycia w malarstwie, muzyce, filmie.

Badz soba to jest bardzo zla rada. Tlumaczenie ze trzeba i jak nalezy byc soba jest bardzo powierzchowne oraz pelne zaklamania. To jest poruszanie tylko jednego drobnego aspektu ktory wlasciwie wyklucza bycie soba.

Rozwazmy najpierw kto to jest ta osoba, zreszta kazdy z nas.

Organizm ludzki nie lubi sie meczyc poniewaz zuzywa drogocenne komponenty dostarczone podczas jedzenia.

W zwiazku z tym nikt nie lubi pracowac poniewaz praca meczy. To prawda ze czesc ludzi lubi swoja prace. Ja tez lubilem swoja prace ale w kazdej pracy tylko mala czastka jest tym co lubimy.

Moze artysci moga byc soba bo to da im pewna indywidualnosc, styl.

Czy znaliscie kiedys jakichs muzykow grajacych w roznych zespolach? Czy oni ciagle mowili ze to chaltury a oni chcieliby grac co innego? Wezmy znany przyklad Carlos Santana – czarodziej gitary. Skomponowal i zagral sporo utworow ktore staly sie bardzo lubiane i slawne na caly swiat. Gdy byl na dyskotece w Londynie sam byl bardzo zaskoczony ze jego utwor tam graja. Po chwili Santana zaczal grac i tworzyc to co lubil i co przynosilo mu natchnienie nie sluchajac nikogo kto mu doradzal jaki rodzaj muzyki powinien tworzyc. Jaki skutek? Carlos Santana zniknal ze sceny swiatowej calkowicie na dlugie lata.

Lubisz spiewac pod prysznicem i sprawia Ci to przyjemnosc. Jesli masz byc soba zaspiewaj tak dla ludzi, w miejscu publicznym. Dlaczego tak nie spiewasz? Poniewaz wszysscy by Cie wysmiali.

Jestes ladna dziewczyna a gdy ubierasz bielizne to wyginasz sie tanecznie w lustrze. Jesli jestes soba to zatancz tak samo na dyskotece. Nie zrobisz tego bo bys sie osmieszyla. Tak jak nas klamia i wmawiaja ze taniec to improwizacja, przekazywanie wlasnych uczuc to dlaczego nikt wrazliwy nie zostal mistrzem swiata w tancu czy balecie. Kazdy kto chcial w dziedzinie tanca cos osiagnac musial godzinami, latami powtarzac te same ruche az nauczyl sie ich tak swietnie ze mozna ludziom wciskac ciemnote twierdzac ze robi to naturalnie.

Jestes dobrym pracownikiem, znasz sie na tym co robisz i wykonujesz to bardzo dobrze. Gdy kierownik kaze Ci robic cos bezuzytecznego albo zle zaprojektowanego, nieprzemyslanego. Skoro jestes soba czemu mu nie powiesz ze to zle i bezsensowne? Poniewaz nie wolno byc soba. Jedyne co mozesz zrobic to jakos podsunac mysl kierownikowi tak aby on byl przekonany ze sam to wymyslil a wtedy moze kaze Ci robic dobrze tak jak Ty od poczatku chciales a kierownik powinien wiedziec i tak kazac.

Jestes kobieta a chociaz wiesz ze makijaz, farby do wlosow itp sa szkodliwe dla zdrowia to i tak tego uzywasz. Czemu nie starasz sie byc soba, wygladac naturalnie tylko malujesz sie, pudrujesz, ukrywaz prawdziwe lub czesciej wymyslone braki w pieknosci, wypychasz biustonosz lub nosisz specjalny usztywniajacy biustonosz? Czemu nie jestes soba? Bo nikt by Cie nie chcial, nikomu bys sie nie podobala.

Jestes uczciwym czlowiekiem, nie lubisz klamstwa i sam klamiesz jak najrzadziej. Socjalne badania wykazaly ze gdy znajomi sie spotykaja to statystycznie w ciagu pierwszych 10 minut kazdy mowi ok 3 klamstwa. Sam czesto wiesz ktore to klamstwa znajomi mowia do Ciebie. Czemu nie jestes soba a tez od czasu do czasu klamiesz albo dlaczego innym nie zwrocisz uwagi za Ciebie oklamuja?

Jestes piekna kobieta i lubisz czekolade i ciastka. Czemu nie jestes soba i nie jesz czekolady, pieczywa tyle ile masz ochote tylko ciagle jestes na diecie, uwazasz na wszystko co jesz, starasz sie byc szczupla i zadbana?

Policjant drogowy zastawil pulapke poniewaz ustawiono znak ograniczenia szybkosci w niepotrzebnym i niespodziewanym miejscu a radiowoz sie ukryl tak aby go kierowcy nie zauwazyli. Wiesz dobrze ze policjanci robia to tylko w celu zarobienia na mandatach bo ich bezpieczenstwo na drogach nic a nic nie obchodzi. Czemu nie jestes soba i nie powiesz zatrzymujacemu cie policjantowi ze zamiast czyhac na ludzi powinien byc tam gdzie moglby poprawic bezpieczenstwo na drogach? Sprobuj byc soba i powiedz mu to Cie tak pala zbije ze przytomnosc stracisz.

Tak sobie pomyslalem.

Ostatnio mowi sie i zmysla na temat Holy Grail. Co to jest, gdzie jest i czy istnieje. Od dawnych czasow symbolem medycyny, lekarzy lub czegokolwiek zwiazanego ze zdrowiem jest kielich z dwoma wezami splecionymi ze soba. Czasem mowi sie ze to poprzeplatane dobro i zlo.

Pomyslalem ze moze dwa niby weze przedstawiaja DNA a kielich jest probowka w ktorej sie robi genetyczne manipulacje. Byc moze w pradawnych cywilizacjach na Ziemi lub przybysze z Kosmosu umieli robic genetyczne manipulacje a wiedza na ten temat zostala przekazana potomnym lub gdzies ukryta przed nieudolnymi badaczami.

Byc moze, w co watpie, jest to sposob aby z ludzkiego DNA wyeliminowac wszelkie problemy, nieprawidlowosci, sklonnosci do chorob. Pozniej z pokolenia na pokolenie przez setki lat eliminujac wszystko co zle stworzona bylaby "doskonala" rasa ludzka. Niektorzy fantazjuja ze jesli bylyby potrzebne skrzydla to mozna by je genetycznie wyprodukowac, jesli potrzebne pletwy to tez wyprodukowac modyfikujac DNA.

Najprawdopodobniej jest to zwykla utopia poniewaz eliminujac w ludziach jedno, nowe pokolenia potrzebowalyby cos innego albo cos innego byloby w dalszym ciagu zle.

Jesli na tym polega Holy Grail to moze lepiej ze jest gdzies ukryty wraz z cala informacja i tylko dzieki temu zly czlowiek nie moze wyprodukowac potworow do zabijania ludzi. Zly, lub nieudolny czlowiek nie moze tez wyprodukowac nowej rasy z nieuleczlna choroba lub kalectwem.

Istnieje tez mozliwosc ze jakis Evil Alien czyli Diabel z Kosmosu zaczal przeprowadzac genetyczne eksperymenty na ludziach co doprowadzilo do wynaturzenia, chorob, dania ludziom zlych intencji.

Mozliwe jest ze, jakas dawna cywilizacja zaczela robic genetyczne eksperymenty w wyniku czego prawie cala rasa ludzka wyginela a tylko pare nietknietych zmianami ludzi przezylo i tylko oni zapewnili istnienie i kontynuacje rasy ludzkiej.

Czy zlo w ludziach jest genetyczne?

Zastanawialem sie dlaczego ludzie ludziom czynia tyle zla. Czy zlo jest w naszych genach?

A jesli jest w genach to czy jest to wynik nieudanego eksperymentu czy tez jest to nam potrzebne.

Wyglada na to ze wszelkie zle cechy charakteru ludzkiego takie jak chec wywyzszania sie nad innych, chciwosc posiadania wiecej niz nam potrzeba, czerpanie przyjemnosci z robienia innym zlego, zadze seksualne za wszelka cene sa to potrzebne ludziom cechy.

Tak, powoduja one wiele nieszczesc, niesprawiedliwosci, wojny, morderstwa, wykorzystywanie innych itp. Jednak bez tych cech nie byloby postepu technologicznego ani rozwoju intelektualnego.

Gdyby ludzie nie czynili zlego bez powodu, nie pragneli wiecej niz potrzebuja to siedzieliby pod drzewem owocowym. Od czasu do czasu rez ten raz ktos inny podnioslby sie i zerwal owocow dla wszystkich. Po spozyciu posilku mogliby dalej nic nie robic. Podzielono by sie kobietami albo zostalby ustalony charmonogram kto kiedy i z kim. W takiej sytuacji w czasach obfitosci darow natury ilosc ludzi by sie zwiekszala a w czasach nieurodzaju zmniejszalaby sie gwaltownie. Gdyby przyszedl jakikolwiek kataklizm trzesienie ziemi, powodz, pozar, dlugotrwaly nieurodzaj wiekszosc ludzi nie moglaby przetrwac.

Nikt nigdy nie kwapilby sie do rozmyslan naukowych. Nawet jesli jeden z ludzi wymyslilby cos nowego to inni nie byliby tym zainteresowani.

Caly nasz rozwoj cywilizacji jest oparty na checi zabijania. Prawie wszystkie wynalazki byly finansowane lub wynalazca dostawal specjalna pomoc w rozwijaniu wynalazku tylko dlatego ze chciano dany wynalazek wykorzystac do celow walki z innymi ludzmi. Wprawdzie po dluzszym czasie wynalazki zostawaly czasem wykorzystywane dla celow pokojowych ale mozemy to traktowac jako uboczny efekt.

Ten rozwoj techologii, wiedzy zapoczatkowany checia wykorzystania zbrojeniowego byl i jest zawsze rozwojem. Dzieki temu gdy wiele lat po wojskowym wykorzystaniu danego wynalazku sytuacja zblizajacego sie kataklizmu wymagala interwencji to wtedy dany wynalazek tez bywal stosowany aby pomoc niektorym ludziom przetrwac trudny czas.

Gdy czlowiek krzywdzi niewinnego czlowieka to ten skrzywdzony musi zrobic wszystko co w jego mocy aby obronic sie a jesli to nie mozliwe to uciec i uniknac bycia poszkodowanym. W zwiazku z tym krzywdzony jest zmuszony do rozwoju intelektualnego, zdobywania takiej czy innej wiedzy tylko po to aby sie uratowac i przetrwac.

Co za przewrotna mysl ze "Zlo nie jest wcale az takie zle w dalekowzrocznym podejsciu do egzystencji".

Krotkie spojrzenie na religie oraz istnienie Pana Boga.

Religie jako biznes.

Powiedzmy ze jest osoba ktora chce dobrze dla wszystkich, nie czyni zla oraz chce innych przekonac, nauczyc dobrego postepowania.

Czlowiek z nawet najlepsza dobra wola musi pracowac aby zarobic na utrzymanie siebie, swojej rodziny a dopiero w wolnych chwilach moze zajmowac sie szerzeniem dobra. Poniewaz dobro i jego nauka sa bardzo wartosciowe wiec ten czlowiek marnuje duzo czasu na prace zarobkowa zamiast nauczac. W pewnym momencie sam lub za namowa innych postanawia swoj czas poswiecic tylko na mowienie i nauczanie o czynieniu dobra co wlasciwie jest rownoznaczne z mowieniem o Bogu. Niestety jesc trzeba. Ludzie sluchajacy i pobierajacy jego nauki zaczynaja dostarczac mu niezbednych rzeczy do zycia. W tym momencie konczy sie czysta nauka o Bogu i czynieniu dobra a zaczyna sie biznes. Czlowiek nauczajacy o prawdzie, dobrym postepowaniu musi wykazac co ludzie zle robia a to nie jest mile odbierane. Nikt nie lubi byc krytykowany ani zmieniac swojego postepowania przynoszacego bezposrednie korzysci na inne postepowanie przynoszace nawet minimalnie mniejsze korzysci. Aby zostac nakarmionym ten czlowiek nauczajacy zaczyna dobierac nauki nie zrazace nikogo a jednoczesnie uczace dobra. Postepujac w ten sposob otrzymuje uznanie, wieksza slawe oraz coraz wiecej korzysci. Czynniki te powoduja ze gloszacy nauki ciagle modyfikuje swoje nauki taka by zyskiwac coraz wiecej korzysci .

Religijny biznes zaczyna wchodzic w kolizje z innym podobnymi biznesami i zaczynaja sie "swiete wojny" ktorych jedynym celem jest osiaganie jak najwiekszych wplywow w coraz wiekszych kregach a co za tym idzie coraz wiecej korzysci materialnych dla przywodcow.

Instytucja religijna dziala jak kazdy inny biznes.

Watpliwosci na temat istnienia Boga jako interpretacja roznych definicji.

Ostatnio Stephen Hawking stwierdzil ze Bog nie istnieje a wlasciwosci materialu z ktorego jest utworzona czasoprzestrzen daja mozliwosci istnienia wszystkiego co wokol nas. Jak widac nawet renomowani naukowcy zglebiajac tajniki wiedzy zapominaja o podstawowych pytaniach.

Nie ma dowodu na to ze Bog istnieje oraz nie ma dowodu na to ze Bog nie istnieje. Nawet o tym czy smierc czlowieka oznacza koniec czy cos dalej istnieje tez nic nie wiemy. Jesli istnieje jakies dalsze zycie wiedza tylko ludzi zmarli albo nic nie ma i nikt nic nie wie. My mozemy tylko wierzyc ze jest tak lub tak. Kazdy niby fakt swiadczacy za lub przeciw moze byc rozpatrywany z wyzszego punktu widzenia a zawsze konczy sie tylko na tym w co dany czlowiek wierzy.

Sposob stworzenia swiata oraz ludzi jest zwykle przedstawiany metaforycznie. Wlasciwie to nie jest istotne czy caly wszechswiat, slonce, ziemia i ludzie zostali stworzeni natychmiast w ciagu paru "dni" czy tez ciagla dlugotrwala ewolucja powodowala powstawanie nowych form, gatunkow tak ze w dniu dzisiejszym mamy czlowieka.

Dodatkowym problemem jest brak definicji Boga. Religie lub tym podobne organizacje robily i robia co moga aby zaciemnic ludziom ten temat poniewaz jest im latwiej lansowac wlasne opinie dzieku ktorym zyskuja korzysci materialne.

Na pierwszy rzut oka Boga mozemy zdefiniowac na dwa sposoby.

Pierwszy sposob to uznanie za Boga i Boskie to co nam sie w pierwszej chwili wydaje ze jest nadprzyrodzone oraz to co chcielibysmy (tak jak zycie po smierci) aby bylo.

Drugi sposob to bazowanie definicji Boga na podstawie roznych najdawniejszych przekazow. Jednym z takich przekazow jest Biblia, zwlaszcza Stary Testament.

Co my dzisiaj mozemy powiedziec na temat Biblii lub innych podobnych przekazow pochodzacych z najrozniejszych, odleglych i pozornie nie zwiazanych ze soba zakatkow swiata? Wlasciwie to prawie nic.

Przede wszystkim zapisy na temat istnienia Boga byly zrobione bardzo dawno i zostaly zapisane w jezykach nie istniejacych w dniu dzisiejszym. Archeolodzy czy inni naukowcy zajmujacy sie danym pismem, jezykiem staraja sie odcyfrowac co przekaz mowi ale jest to trudne, najczesciej niemozliwe. Najwazniejszy jest problem interpretacji. Nikt nie zna wystarczajaco dobrze pradawnego jezyka wiec nikt nie moze na 100% powiedziec co dany tekst mowi. Teksty tlumaczone sa wielokrotnie z jezyka na inny jezyk i znowu na kolejny jezyk przez wiele osob. Ponadto nie znamy dobrej woli ani intencji tych ktorzy tlumaczyli. Koncowy tekst moze roznic sie znacznie od oryginalu. Oryginalny tekst tez nie jest az taki oryginalny a tylko interpretacja kogos zapisujacego.

Trzeba wziac pod uwage wiedze i sposob myslenia ludzi zyjacych w czasach gdy tekst powstawal. W dzisiejszych czasach mozemy patrzec na te same zjawiska inaczej poniewaz mamy wieksze zrozumienie przyrody oraz posiadamy wyzsza technike.

Dzisiejszy poziom telekomunikacji przekazujacej obrazy i dzwieki na odleglosc, komunikacja umozliwiajaca czlowiekowi latanie w powietrzu lub zanurzanie sie gleboko pod powierzchnie wody ludziom zyjacym tysiace lat temu wydawalyby sie zjawiskami nadprzyrodzonymi.

Przepowiednie stwierdzajace ze kiedys bedzie ogromny dostep do wiedzy lub ze ludzie beda sie przemieszczac na wielkie odleglosci jest pojeciem wzglednym. Dla tych ktorzy chodza tylko pieszo ktos jadacy konno przemieszcza sie szybko i daleko. Dla tych ktorzy z jednego kraju do drugiego lataja samolotami ktos lecacy statkiem kosmicznym do odleglych glaktyk bedzie przemieszczal sie szybko i daleko. Dla tych ktorzy nie znaja kola oraz nie potrafia rozniecic ognia ktos jadacy samochodem z poczatku XX wieku mialby przeogromna wiedze a dla nas latajacych samolotami stary automobile nie jest niczym specjalnym.

Rozwazajac wiele podobnych aspektow ludzie z obecna znajomoscia techniki i przyrody wydawaliby sie Bogami dla tych ktorzy zyli na ziemi 3 czy 4 tysiace lat temu.

Odnosnie Biblii i innych zapiskow wezmy inny przyklad.

W kulturze sumeryjskiej uwazano ze Bogowie przybyli z nieba, mieszali sie z ludzmi a wskutek czego powstali polbogowie. W jednej z interpretacji ktos stwierdza ze z tekstow sumeryjskich wynika ze istoty z kosmosu przybyly na Ziemie w celach eksploatacji. Aby zapewnic sile robocza za pomoca manipulacji genetycznych mieszali DNA malpy z wlasnym i stworzyli czlowieka. Niektorzy z kosmitow mieli dzieci z ludzmi. Jesli taka wersja bylaby prawda to Bogami byliby kosmici ktorzy rzeczywiscie stworzyli czlowieka na swoje podobienstwo.

Nawet gdyby to byla prawda to czy w naszym potocznym zrozumieniu uwazalibysmy kosmitow genetycznie tworzacych ludzi za bogow? Raczej, nie. A kto stworzyl te istoty z kosmosu? A kto stworzyl wszechswiat?

Podobnie roznie mozna interpretowac ostatni rozdzial Starego Testamentu. Opisywane drugie przybycie Jezusa moze byc interpretowane jako przybycie statku kosmicznego gdzie siedzenia dowodcy i zalogi przypomina tron, zwlaszcza gdy podloga jest przezroczysta to moze oznaczac ze statek jest zbudowany z przezroczystego materialu. Glos podobny do brzmienia traby moglby pochodzic z glosnikow, megafonow. Ludzie sprawiedliwi zabierani z ziemi mieli biale szaty co moze byc symbolem czystosci lub sa to kombinezony kosmiczne. Dowodca twierdzac ze jest pierwszy, ostatni i jedyny moze oznaczac ze jest najwazniejszym dowodca ktory decyduje o wszystkim a inni musza wykonywac rozkazy. Traby miotajace ogien moga byc jakims rodzajem broni. Cztery stwory/potwory moga byc interpretowane jako swego rodzaju roboty wyspecjalizowane do dzialan w powietrzu, w wodzie albo gdzies indziej. Kolejna sprawa ze tylko Ci wartosciowi z kilku rodow beda zbawieni. A co bedzie z ludzmi dobrymi nie czyniacymi zla ktorzy nie byli z tych rodow i pochodza z innych miejsc na swiecie? To juz tylko interpretacja. W jednej z interpretacji jest napisane ze chodzi o duchowa czystosc czyli ludzie przeroznych wyznan religijnych jesli maja odpowiednie duchowe podejscie moga zostac zbawieni. Co znaczy duchowe podejscie? Z obserwacji wynika ze glowna cecha jest oszukiwanie innych oraz stawianie wlasnej korzysci ponad dobro, zdrowie lub zycie innych. Czy o to naprawde chodzi? Czy to tylko interpretacja tlumaczow?

Tak czy inaczej ktos wierzy albo nie wierzy w istnienie Boga. Dowodow zadnych nie ma.

Jak zdefiniowac pojecie Boga.

Ja wierze w Boga jedynego wszechmocnego ktory stworzyl wszystko ale nie potrafie Go opisac.

Na przetrzeni tysiacleci w zaleznosci od poziomu wiedzy o przyrodzie i historii mozemy podejsc do definicji Boga na kilka sposobow:

- Przy malej wiedzy o prawach przyrody ludzie wszystkiemu nieznanemu przypisywali wlasciwosci ponadludzie czyli boskie. Zjawiska przyrody takie jak burza, deszcz, pioruny, snieg, sloneczna lub deszczowa pogoda byly uznawane za dzielo bogow burzy, deszczu... Aby rozrozniac sytuacje przypisywano przeroznych Bogow do kazdej sytuacji. Dlatego byli Bogowie slonca, gwiazd, ksiezyca, drzew, zwierzat. Nawet z dzisiejszego punktu widzenia zakladajac ze wszystko co zywe (skad wiemy gdzie jest granica pomiedzy zywe a nieozywione?) ma w sobie czesc Boga w postaci duszy lub samego zycia jako takie definicje Boga nie beda sie wiele roznily od tych pradawnych definicji.

- Pojecie Boga moglo byc celowo mylnie wprowadzone aby uproscic przekazywanie wiedzy. Byc moze inne cywilizacje istnialy na Ziemi ale w wyniku powaznych katastrof glownie kosmicznych lub tektonicznych ulegly zagladzie. Niewielka garstka ktora sie uratowala nie byla w stanie utrzymac poziomu wiedzy poniewaz najpierw musieli przetrwac w trudnych warunkach. Kilka pokolen pozniej o wielu osiagnieciach naukowych zapomniano oraz uznano za legendy. Prawdopodobnie ci ktorzy przetrwali rozeszli sie po ziemi aby pomagac rozijac bardziej przymitywne grupy ludzkie to najwazniejszym celem bylo przekazanie wiedzy. Dla prymitywnych cywilizatorzy posiadali przeogromne mozliwosci. Mogla zajsc sytuacja, ze prymitywni ludzie uznali tych z bardziej zaawansowana wiedza za Bogow. Prawdopodobnie zadano pytanie: "Czy jestescie Bogami?". Gdyby odpowiedz zabrzmiala "Nie, my jestesmy tacy sami ludzie jak wy tylko mamy troche wieksza wiedze", byc moze wtedy by stwierdzono ze jesli nie sa Bogami to ich zjedzmy. Aby tego uniknac oraz zyskac wieksza uwage oraz szacunek cywilizatorzy nazwali siebie bogami co pomoglo im w nauczaniu.

- Historia i archeologia stwierdza ze wielu wladcow takich jak faraon w Egipcie i innych w przeroznych zakatkach swiata bylo czczonych jako bogowie. Wladcy mieli duze mozliwosci decydowania o losach i zyciu zwyklych ludzi. W jaki sposob setki lub tysiace lat pozniej bazujac na wykopaliskach mozna rozpoznac czy wladca byl traktowany jako wladca czy jako bog? Ogladajac transmisje telewizyjna z wyborow Papieza lub ze slubu brytyjskiego ksiecia i nie posiadajac zadnej innej wiedzy nie mozna odpowiedziec na to pytanie.

- Definiujac Boga jako Stworzyciela w jednym skrajnym przypadku wszystkich ktorzy cos stworzyli mozna nazwac Bogami tego co zostalo stworzone. Jesli nawet ludzie powstali w wyniku modyfikacji genetycznych dokonanych przez kosmitow to tych kosmitow nalezaloby uwazac za Bogow. Jesli ludzie potrafia stworzyc nowe DNA oraz wychodowac z tego cos nowego to ludzie byliby uznani za Bogow.

- Zgodnie z dzisiejsza nauka nie widzimy tylko soczewki w oczach skupiaja promienie swietlne na sensorach ktore zamieniaja swiatlo w impulsy elektromagnetyczne ktore przekazywane sa gdzies dalej do innych czesci mozgu. Podobnie dzialaja wszystkie nasze zmysly. Odbierany przez nas wszechswiat jest tylko virtualnym odzwierciedleniem podobnie jak w technicznie zaawansowanych grach. Z tego punktu widzenia istnieje cos nazywane Ja , ktore odbiera wirtualne wrazenia. Istnieje mozliwosc ze my wszyscy to znaczy nasze Ja sa podlaczone do wielkiego bardzo skomplikowanego symulatora ktory tylko koordynuje odbior wrazen a rzeczywistosc jest calkiem inna. Byc moze nawet nie ma nikogo oprocz Mnie a wszyscy inni ludzie oraz caly wszechswiat to tylko czesc symulacji. W takim przypadku Bogiem bylby ktos kto stworzyl ten symulator albo po prostu my jestesmy czescia Boga.

- Jak by nie patrzyl na definicje to ludzka natura nie potrafi zrozumiec w jaki sposob wszechswiat moglby istniec zawsze. Dla nas zawsze bedzie istniec pytanie kto to wszystko stworzyl? Materia materia, wszechswiat wszechswiatem, czasoprzestrzen czasoprzestrzenia, a w istnienie Boga wierzymy lub nie.

Smiesznosc wyzej opisanych definicji jest dostrzegana przez wszystkich czytelnikow.

Kolejna wersja teorii o Wszechswiecie.

Po przeczytaniu ostatniej ksiazki napisanej przez Stephena Hawkinga przyszla mi do glowy wersja o wszechswiecie.

Kazda nawet najbardziej naukowa wersja teorii o budowie wszechswiata zawsze wiaze sie z pojeciem Boga. Ludzie wierza lub nie wierza w rozne wersje o Bogu ale nie zastanawiaja sie co to moze oznaczac. Dla przykladu mowi sie ze Bog jest stworca. Czy to oznacza ze skoro czlowiek stworzyl samochod to dla samochodu czlowiek jest Bogiem? A jesli czlowiek potrafi przy pomocy genetycznych modyfikacji stworzyc zyjaca istote to znaczy ze czlowiek jest Bogiem, dla tej stworzonej istoty? Istnieja teorie ze kosmici przylecieli na Ziemie i stworzyli ludzi przy pomocy genetycznych modyfikacji. Jesli to byloby prawda to czy oni byliby Bogami dla na? Chyba nie stwierdzimy po zastanowieniu sie.

Kazdy chce byc najlepszy, najmadrzejszy, najmocniejszy. Ludzie uwazaja ze sa najbardziej inteligentnymi istotami na swiecie. Naukowcy zgadzaja sie ze wiele lat temu istnieli ludzie ktorzy nie potrafili nawet zapalic ognia i uzywali tylko prymitywne narzedzia. Czy ci ludzie to wlasnie najinteligentniejsze istoty na swiecie? My teraz potrafimy duzo wiecej. Za kilkaset lub za kilka tysiecy lat potomkowie ludzi prawdopodobnie beda mieli znacznie wieksza wiedze, umiejetnosci i my bedziemy sie im wydawac bardzo prymitywni. A wiec w ktorym momencie ludzie sa najinteligentniejszymi istotami?

Pare tysiecy lat temu ludzka wiedza byla na takim poziomie ze gdyby dzisiejszy czlowiek pokazal im komputery, telewizory, telefony, samoloty to oni uwazaliby ze to wszystko co dzisiejsza technika potrafi jest niemozliwe a dzieje sie jako cud lub w wyniku dzialalnosci Boga.

W dzisiejszych czasach ludzie zyjacy w tym samym kraju czesto stwierdzaja ze cos tam jest niemozliwe dlatego ze twierdzacy tak czlowiek nie zna poziomu techniki w danej dziedzinie. Dla przykladu po katastrofie w Smolensku powiedzialem Kanadyjczykowi ze mgla o ktorej wspominano byla zrobiona sztucznie. On odpowiedzial ze jest niemozliwe zrobic mgle na tak wielkim terenie. Ja wiedzialem ze juz 30 lat temu w czasie stanu wojennego w Polsce w 1981 widzielismy jak robili sztuczna mgle na terenie znacznie wiekszym niz malutkie lotnisko w Smolensku.

Gdyby kilkaset lat temu pokazac naukowcowi skomplikowany system mechaniczno-elektryczno-elektroniczny to on stwierdzilby ze jest niemozliwe przewidziec jak ten system zareaguje na czynniki zewnetrzne. Gdyby powiedziec ze ktos moze wiedziec o kazdej osobie na swiecie w ktorym miejscu dana osoba sie znajduje oraz z jaka predkoscia oraz w jakim kierunku sie porusza to owczesny naukowiec powiedzialby ze to jest niemozliwe. Dzisiaj jeszcze nie kazda osoba ma podlaczony GPS ale mozemy to sobie wyobrazic wiec dzisiejszy czlowiek powie ze jest mozliwe aby jedna osoba wiedziala o miejscu przebywania kazdego innego czlowieka na swiecie.

W technice, technologii, chemii, biologii jest tak wiele czynnikow odzialujacych na siebie oraz na badany obiekt ze nawet w dzisiejszym stanie wiedzy nie mozemy z cala pewnoscia przewidziec co sie stanie z obiektem po okreslonym czasie.

Dawno temu chyba w latach 80-tych na amerykanskim uniwersytecie ktos wymyslil "Gre w zycie". Byl to teoretyczny problem komputerowy polegajacy na zalozeniu ze istnieje duze prawie nieograniczone pole podzielone na kwadratowe cele podobnie jak w szachach. Na poczatku kazde z pol moze miec wartosc pelne-zycie lub wartosc puste-brak zycia. Nastepnie w iteracji krokowej przelicza sie jakie beda wartosci pol po danym kroku przy zalozeniach ze jesli puste pole styka z sie z 3 polami zawierajacymi zycie to tworzy sie nowe zycie. Jesli pole styka sie z mniej niz 2 polami zawierajacymi zycie to umiera z powodu samotnosci. W komputerowej symulacji okazalo sie ze w roznych poczatkowych sytuacjach "zycie" rozwija sie, znika lub tworzy. Ciekawe sa tez przemieszczajace sie po skosie konfiguracje. Im wiecej pol wypelnionych "zyciem" bylo w kontakcie tym bardziej skomplikowane konfiguracje powstawaly i zmienialy sie. Byla to tylko teoretyczna gra ktorej wyniki tylko do pewnego stopnia mogl przewidziec computer. Pamietajmy jak wielka ilosc komorek posiada ludzki organizm oraz ze jedna komorka zbudowana jest z ogromnej ilosci atomow...

Gdyby czlowiek potrafil stworzyc niby swiat na ekranie przy pomocy projektora filmowego to istoty wyswietlone na ekranie moglyby badac ich wlasny swiat. Najpierw widzieliby ze moga sie poruszac po swoim swiecie, ze inne istoty lub przedmioty tez tam sie znajduja oraz ze moga zmieniac swoje polozenie. Przy dokladniejszym badaniu zauwazyliby ze jesli jedna istota lub przedmiot zblizy sie do drugiego tak ze zaczynaja zajmowac to samo miejsce w ich swiecie to jeden z obiektow (my nazwalibysmy go obiektem w tle) znika a w danym miejscu istnieje tylko drugi obiekt (my nazwalibysmy go glownym obiektem). W dalszych badaniach na temat geometrii swiata istoty moglyby wykryc ze chociaz odbieraja tylko 2 wymiary to zyja w trowymiarowym swiecie poniewaz ekran bywa troche pofalowany a wtedy odleglosci pomiedzy roznymi punktami sa inne niz by to wynikalo z 2 wymiarowej geometrii. W dalszych badaniach mogliby dostrzec ziarnistosc ekranu co przypominaloby nasze zrozumienie wszechswiata na poziomie molekuly lub atomu. Ze wzgledy na ziarnistosc ekranu oraz kat padania promieni z projektora istoty z ekranu moglyby zauwazyc cienie tworzone przez chropowatosc ekranu oraz to ze promien swiatla z projektora nie tylko oswietla punkty na ekranie ale rowniez odbija sie od nierownosci i oswietla sasiednie punkty ekranu. Gdyby zaczeli wnikac w geometrie na poziomie chropowatosci ekranu tak jak my staramy sie zrozumiec budowe wszechswiata jako fale oraz jako najdrobniejsze czasteczki z ktorych atomy sa stworzone to kto wie czy nie mogliby zrozumiec ze ich swiat jest stworzony przez promienie swiatla wychodzace z jednego punktu oddalonego od ekranu (my nazwiemy to projektorem) i oswietlajace prawie plaski ekran.

W coraz dokladniejszych badaniach w gre zaczyna wchodzic interakcja pomiedzy obserwatorem a obserwowanym obiektem. W pewnym zakresie rozmiarow im dokladniej chcemy zbadac obiekt tym bardziej nasza obserwacja ingeruje w dokonanie pomiaru i wtedy klania sie zasada nieokreslonosci.

Podobnie wczesniej wspomniana gra w zycie gdzie nasze komputery prawie potrafily przewidziec kolejny cykl w zyciu. Mozemy myslec ze istnieje wyzsza inteligencja niz nasza ktora potrafi miec taki "komputer" ktory potrafilby przy okreslonych "prawach przyrody" jakimi jest grawitacja, elektromagnetyzm, silne i slabe oddzialywanie jadrowe plus pare innych nam nieznanych praw oraz przy poczatkowym polozeniu energii, czasteczek, fal przed "big bang" przewidziec krok po kroku polozenie kazdego atomu w naszym wszechswiecie az do dnia dzisiejszego lub znacznie dalej. Nasz caly wszechswiat moglby byc po prostu tylko drobnym eksperymentem dla tych istot lub tej istoty. Aby sprawdzic jak dziala model w przypadku projektora i ekranu mozemy obserwowac odbite od ekranu swiatlo czyli wyswietlany film. W przypadku obserwacji naszego wszechswiatu aby na takim poziomie dokonac obserwacji obecnosc obserwatora oraz obserwacja ingerowalyby w obserwowany obkiekt.

Z naszych badan naukowych wynika ze my nie widzimy nic tylko promienie elektromagnetyczne z malego zakresu zwane promieniowaniem swietlnym jest skupiane na siatkowce oka przez soczewke w oku. Dalej siatkowka zamienia te impulsy swietlne na impulsy elektryczne ktore ida gdzies do mozgu i tam sa tworzone obrazy. W podobny sposob fale akustyczne w uchu zamieniaja sie na impulsy elektryczne. W koncu gdzies w mozgu utworzona jest jakby virtualna rzeczywiostosc ktora nasze Ja odczuwa. Mozna pomyslec ze nie ma wcale swiata tylko nasze Ja sa podlaczone do virtualnej rzeczywistosci a nam sie wydaje ze zyjemy w takim swiecie jaki sie nam wydaje. Gdyby istnial wystarczajaco skomplikowany system czy computer ktory potrafilby polaczyc odczucia wszystkich ludzi a byc moze wszystkich zyjacych istot oraz zsynchronizowac je ze soba dodajac zmiane synchronizacji gdy my wyrazamy checi na poruszanie sie to byloby nam bardzo trudno rozpoznac czy zyjemy w jakims "Matrixsie" czy wszechswiecie takim jak to sobie dzisiaj wyobrazamy. Idac dalej w tym kierunku to moze nie ma tylu ludzi, zwierzat tylko jestem Ja jeden jedyny na swiecie a wszystko inne jest tylko symulacja wynikiem virtualnej rzeczywistosci ktora ja uwazam za prawdziwy wszechswiat. Naukowcy niby tyle wiedza o wszechswiecie ale nikt nie potrafi powiedziec co to jest to "Ja" ktore odbiera virtualna rzeczywistosc tworzona w mozgu.

Aby dotrzec do mojej oststniej teorii o wszechswiecie musimy polaczyc wszystkie powyzsze watki w jedna calosc.

W tej teorii ktora jest tak samo niesprawdzona teoria jak wszystkie inne niby naukowe mysle ze caly wszechswiat moze byc po prostu eksperymentem, symulacja takiej bardzo skomplikowanej "gry w zycie" a nasze ludzkie "ja" jest sposobem obserwacji tego symulowanego wszechswiata. Obserwujace "ja" ingeruje w obserwowany wszechswiat ale w sposob malo szkodzacy wynikom obserwacji poniewaz to "ja" jest ze tak powiem duchowe a odbiera ono sygnaly z poruszajacych sie atomow, czasteczek, fal ktore tworza w mozgu virtualna rzeczywistosc dla mojego "ja". Byc moze eksperymentem jest caly wszechswiat a na tym etapie utworzono niby zywe istoty z mozgami ktore potrafia obserwowac co sie wokol dzieje.

Umiescilem tutaj ta teorie glownie po to aby pokazac ze jest ona tak samo powazna oraz prawdziwa jak wszystkie inne tak samo niesprawdzone ani nie udowodnione teorie na temat powstania oraz budowy wszechswiata. Moja teoria jest nawet lepsza bo wymyslilem ja w 5 minut po przeczytaniu ksiazki Stephena Hawkinga oraz oparlem ja o inne wyssane z palca teorie.

Dlaczego ludzie czynia zle innym.

Kazdy chce byc specjalny, wyjatkowy, wazny, powazany. Wlasciwie to kazdy glownie chce miec sex z naladniejszymi partnerami, jesc jak najpozywniejsze oraz najsmaczniejsze jedzenie, miec lawe i przyjemne zycie.

Aby miec latwe wygodne zycie nalezy zostac przywodca jakiejs grupy ludzi. Im wieksza grupa tym wiecej korzysci mozna z nich czerpac.

Czy mozna zostac jakims przywodca robiac ludziom dobrze? Oczywiscie ze nie. Gdy sie robi dla kogos dobrze to przez krotka chwile ten ktos jest zadowolony a pozniej o tym zapomina a wrecz czuje niechec do tego kto zrobil mu cos dobrze poniewaz ludzie nie lubia czuc sie zaleznym od innych.

Nawet Pan Jezus nie zostal zadnym przywodca a ludzie go zabili.

Wezmy na przyklad kogos robiacego bezinteresownie cos bardzo dobrego. Powiedzmy ze ktos potrafi wyleczyc kazda najgorsza chorobe. Ludzie by wtedy przychodzili aby byc wyleczonym a po wyzdrowieniu zapominaliby. Oczywiscie uzdrowiciel nie umarlby z glodu poniewaz ktos by go nakarmil aby na wszelki wypadek gdy bedzie znowu potrzebny mogl pomoc. Taki uzdrowiciel zylby prawie w biedzie. Jesli jakis znacznie lepiej postawiony czlowiek ma chorobe nieuleczlna, przyjdzie do uzdrowiciela i sie wyleczy to nigdy dobrowolnie nie odda swoich dobr po fakcie.

Z drugiej strony kazdy dobrze czyniacy czlowiek przechodzi w ludzkich oczach do porzadku dziennego i zaczyna byc oczekiwane ze zawsze bedzie robil dobrze. Gdy on bedzie potrzebowal pomocy wtedy inni o nim zapomna.

Nikt nie moze sie zbytnio dorobic robiac dobrze za oplata. Oplata bedzie coraz mniejsza i mniejsza a pracodawca zrobi wszystko co w jego mocy aby umniejszac wartosc robionego dobra.

Aby miec swietne zycie najlatwiej jest zabrac innym wypracowane dobra. Wiekszosc ludzi awansuje w pracy poniewaz nie wykonuje swojej pracy bardzo dobrze a wiec nie jest wazne dla przelozonych aby utrzymac ich na tym samym stanowisku. Pracownik wykonujacy swoja prace bardzo dobrze nigdy nie doczeka sie awansu poniewaz przelozeni nie sa glupi i nie beda chcieli go awansowac tylko po to aby stracic swietnego pracownika. W koncu nikt nie wie jaki bylby ktos nowy na jego miejscu.

Czlowiek nie moze sam sobie wypracowac wystarczajaco dobra aby mial swietne zycie.

Dlatego tylko zostajac przywodca grupy mamy szanse. Przywodca trzyma grupe w ryzach glownie przez jawne lub podswiadome zastraszanie grupy. Czesto uzywa sie innych ludzi z grupy aby robili zle wiekszosci oraz zabierali wiekszosci dobra a oddawali je przywodcy. Przywodca zawsze zabiera wszelkiego rodzaju korzysci od wszystkich a dla pochwaly niektorych potrzebnych mu ludzi lub dla wymuszenia na kims wiekszego wysilku dowodca zabiera troche mniej.

Checi osiagniecia tak zwanego osobistego sukcesu jak bardzo szybkie i dobre wykonanie zadania, pobicie jakiegos rekordu sportowego wydawaloby sie byc zalezne tylko od nas. Niestety tak nie jest. Zawsze znajdzie sie ktos kto z calej mocy bedzie nam w tym przeszkadzal poniewaz ten ktos ma w tym cel. Dla przykladu gdy my szybko wykonamy zadanie to ten ktos wykonujacy podobne zadania znacznie wolniej zacznie zle wygladac w oczach innych. W przypadku rekordow sportowych zawsze sa ludzie ktorzy wola aby tylko ich ulubiency byli rekordzistami a nikt inny.

Zamierzajac wykonac jakiekolwiek zadanie lub osiagnac jakikolwiek cel musimy pamietac ze zawsze napotkamy nieprzewidziane trudnosci poniewaz nikt nie zna niczego doskonale oraz ze bedziemy musieli pokonywac sztuczne przeszkody stwarzane nam przez innych. Dlatego nie nalezy sie poddawac tylko krok po kroku dazyc do obranego celu. Jak to w Ameryce mowia "Nie jest skonczone dopoki nie jest skonczone".

Lekarstwo dla ludzkosci a nie na ludzkosc.

Wiekszosc ludzi kiedys w swoim zyciu zastanawia sie co nalezaloby zrobic dla ludzkosci aby poprawic wszystkim byt. Co mozna by zrobic majac magiczne, ponad ludzkie nieograniczone mozliwosci.

W takich przypadkach zwykle dochodzimy do wnioskow ze najlepiej byloby calkowicie usunac z zycia lub przynajmniej z zycia pomiedzy ludzmi tych najgorszych ludzi ktorzy powoduja wiekszosc wojen, niesprawiedliwosci, wyzysku oraz wszelkich krzywd innym ludziom.

Niestety usuniecie tych zlych ludzi nie moze wiele naprawic. Moze sytuacja poprawilaby sie na krotko a i to nie na pewno. W krotce inni zajeliby te same pozycje czyniac zlo.

Jedynym lekarstwem jest aby ludzie zrozumieli ze nalezy postepowac zgodnie ze znana zasada:

Nie czyn drugiemu co tobie niemilo. I nie czyn nawet jesli czyn sprawia ci przyjemnosc.

Ladowanie na Ksiezycu.

Byli na Ksiezycu czy nie byli.

Amerykanie i Rosjanie prowadzili konkurencyjne dzialania zdobycia kosmosu. Wydaje sie ze obydwa kraje byly na bardzo podobnym poziomie technicznym. Szpiegostwo dzialalo wiec najczesciej jakis wynalazek po jednej stronie byl w bardzo krotkim czasie znany przeciwnikom ktorzy robili co mogli aby przescignac konkurentow. W koncu Rosjanie wypuscili Sputnik.

Pewnego dnia Amerykanie zrobili wielki rozglos o przyszlym ladowaniu na Ksiezycu statku kosmicznego z ludzmi. W telewizjach swiata odbyla sie bezposrednia transmisja z tego jak to czlowiek kroczyl lub podskakiwal po powierzchni Ksiezyca. Glownym dowodem na to ze ludzie tam wyladowali bylo zainstalowanie swego rodzaju lustra ktore odbijalo promien swietlny. (Jakos nie przypominam sobie aby ktokolwiek wspominal o tym lustrze w czasie gdy kosmonauci byli niby na ksiezycu) Wysylajac promien do lusterka a pozniej mierzac czas powrotu odbitego promienia mozna bylo z bardzo duza dokladnoscia okreslic odleglosc Ksiezyca od Ziemi.

Srednio interesujacym faktem bylo ze kosmonauci na ksiezycu zrobili pare zdjec ktore przywiezli na Ziemie gdzie klisze zostaly wywolane a poznie czesto publikowane i omawiane. Problem w tym jest taki ze gdyby taki aparat zrobil zdjecia na Ksiezycu to promieniowanie kosmiczne przeswietliloby film (Tak jak ostrzegano o mozliwosci przeswietlenia filmow przechodzac przez kontrolne bramki na lotniskach). Oczywiscie jest mozliwe zrobienie takiego aparatu fotograficznego ktory by zabezpieczal film przed przeswietleniem ale aby to zrobic trzeba wiedziec ze istnieje promieniowanie kosmiczne oraz ze moze ono przeswietlic film. W tym czasie ludzie o tym nie wiedzieli.

Jesli chodzi o lusterko to jest mozliwe ze bezzalogowy statek kosmiczny zblizyl sie do Ksiezyca i zrzucil to lusterko na powierzchnie.

Kolejnym faktem przemawiajacym przeciwko ladowaniu czlowieka na Ksiezycu jest ze Amerykanie latali tam i ladowali pare razy. Kilka lat pozniej gdy Rosjanie skonstruowali odpowiedni sprzet radarowy umozliwiajacy sledzenie statkow kosmicznych Amerykanie zaprzestali wszelkich lotow na Ksiezyc i ani razu sie tam nie wybierali przez ostatnie 30 lat. Dodatkowo zastanawiajace wtedy bylo dlaczego Rosjanie nigdy nie polecieli ladowac na Ksiezycu.

Caly wylot na Ksiezyc lacznie z podobienstwem nazwisk i sytuacji do ksiazki Juliusza Verne bierze sie stad ze ktos w Ameryce planujacy, rezyserujacy udawany wylot na Ksiezyc bazowal cala historie na znanej ksiazce "From the Earth to the Moon".

Dlaczego nikt tego nie podal do wiadomosci publicznej.

Rosjanie nie polecieli na Ksiezyc i wcale nie rozpaczali na ten temat. Bylo tak dlatego ze prawdopodobnie wiedzieli ze amerykanski wylot na ksiezyc byl zmyslony wiec sami nie potrzebowali konkurowac z bajkami. Rosjanie nic na ten temat nie powiedzieli poniewaz wystarczy ze sami wiedzieli jak bylo na prawde. Czy Amerykanie i inni ludzie wiedzieli ze Rosjanie wiedza trudno zgadnac. Prawdopodobnie tak. Nawet w zwyklej grze w pokera nikomu nie przeszkadza wiedziec ze ktos inny nie ma dobrej karty a tylko udaje ze ja ma. Z drugiej strony byla to kurtuazyjna odpowiedz zwiazana z wyslaniem Sputnika na orbite dookola Ziemi. Rosjanie wyslali Sputnik ktory byl malenka ok 2 m srednicy kula metalowa z niewielka iloscia aparatury umieszczonej wewnatrz. Caly swiat sie nad tym zachwycal, komentowal a nawet wielu astronomow amatorow obserwowalo cos blyszczacego okrazajacego Ziemie. Nikt nigdy (ani Rosjanie, ani Amerykanie) nie wspomnial ze prawdziwy Sputnik jest tak malutki ze te teleskopy nie moga go dostrzec a to co ludzie widza to tylko resztki silnikow odrzutowych ktore wyniosly Sputnik na orbite a pozniej odrzucone okrazaly Ziemie.

Podroze w czasie.

Drobne filozofowanie.

Einstein wymyslil teorie wzglednosci w ktorej opisal wiele zasad uzywajac promien swietlny oraz szybkosc rozprzestrzeniania sie swiatla. Ten model sluzy dobrze do wielu rozwazan chociaz...

Mozna miec teorie ze nasze mozgi/dusze/osobowosci czyli to cos co odczuwamy nie jest naprawde podlaczone do ciala w znanym nam swiecie tylko podobnie jak w filmie Matrix sa podlaczone do wielkiego, mocnego komputera ktory symuluje nasze odczucia. Komputer jest na tyle potezny ze potrafi zsynchronizowac nasze wszystkie odczucia.

Idac jeszcze dalej mozemy myslec ze wlasciwie nie ma zadnych Was jestem tylko ja jeden podlaczony do komputera ktory symuluje wszystko. Stymulowany bodzcami ktore wmawiaja mi ze zyje w jakiejs rzeczywistosci sam wysnuwam rozne teorie. Spotykam sie z innymi teoriami ktore wlasciwie sa tylko symulacja komputerowa wmawiajaca mi ze inni ludzie te teorie wymyslili. Sa tez teorie o ktorych nie wiem, nigdy nie slyszalem a wlasciwie to ich nie ma poniewaz wszystko jest tylko symulacja wiec te niby nieznane mi teorie to symulacja wmawiajaca mi ze ktos mi nie znany ma nieznana teorie.

Podrozowanie w czasie.

O ile rozumiem to w aktualnych naukowych teoriach wiele
rozwazan opiera sie na swietle oraz szybkosci rozprzestrzeniania
sie swiatla. Gdy cos przemieszcza sie w przestrzeni z coraz
wieksza szybkoscia bliska predkosci swiatla to to cos ma coraz
wieksza mase. Aby zwiekszyc szybkosc masy nalezy zadzialac sila
a wielkosc zmiany jest zwiazana z wielkoscia masy. Poniewaz im
szybciej cialo sie przemieszcza tym wieksza ma mase wiec tym
wieksza sila trzeba zadzialac aby ta mase przyspieszyc. W
momencie osiagniecia predkosci swiatla masa jest
nieskonczenie wielka wiec trzeba nieskonczenie wielkiej sily aby
przyspieszac. Wniosek z tego ze nie mozna poruszac sie z
szybkoscia wieksza od swiatla.

Dalej teoria definiuje ze terazniejszosc jest tam gdzie swiatlo
dociera co jest dobre do roznych rozwazan ale zaczyna mieszac
w glowach.

Swiatlo rozchodzi sie po liniach prostych przestrzeni a masa
zakrzywia przestrzen.

Mozna sobie wyobrazic tak zakrzywiona przestrzen ze z jednego
punktu do drugiego mozna dotrzec dwoma drogami o roznej
dlugosci. Wysylajac swiatlo jedna droga ta dluzsza po
okreslonym czasie swiatlo dotrze do drugiego punktu. Jesli
rozwazana przestrzen jest tak bardzo powykrzywiana ze ta
druga droga jest duzo bardziej krotsza to jest mozliwe ze my tuz
po wyslaniu sygnalu swietlnego dluzsza droga sami udalibysmy
sie w podroz do drugiego punktu przestrzeni krotsza droga.
Wtedy moglaby zaistniec sytuacja ze dotarlibysmy do punktu
drugiego wczesniej niz promien swiatla. Oznaczaloby to, ze
przemiescilismy sie w czasie do tylu poniewaz najpierw my

bylibysmy w drugim punkcie przestrzeni a pozniej zobaczylibysmy nasz sygnal swietlny. Wniosek z tego wynika ze podrozowalibysmy do tylu w czasie.

Czyzby?

To jest tak jak przy dawnych komputerowych definicjach roku. Gdy rok jest zapisywany tylko dwoma ostatnimi cyframi wiec rok 1995 ma reprezentacje "95", rok 2015 ma reprezentacje "15". W takim modelu komputerowym data z roku 2015 jest mniejsza, wczesniejsza niz data z roku 1995. Wszelkie algorytmy beda dzialac poprawnie ale co to ma wspolnego z rzeczywistoscia? Cokolwiek rzeczywistosc znaczy?

Zakladajac ze my patrzac w odlegle o tysiace lat swietlnych gwiazdy widzimy je jakies tam, gdzies tam. Taka jest dla nas terazniejszosc. Poniewaz swiatlo przemieszczalo sie od danej gwiazdy do nas przez powiedzmy pare tysiecy lat wiec my widzimy ze gwiazda jest tam gdzie byla tysiace lat temu. Naprawde po wyslaniu promieni swietlnych gwiazda zmieniala polozenie przez te tysiace lat i jest teraz gdzies indziej. Twierdzi sie ze z naszego wzglednego punktu widzenia gwiazda jest tam gdzie swiatlo nam ja pokazuje. Ze wzglednego punktu widzenia tej wlasnie gwiazdy jest ona w calkiem innym miejscu poniewaz po wyslaniu promienia swiatla ciagle sie przemieszczala.

To jest tylko zgodne z teoria w ktorej zle zdefiniowalismy terazniejszosc. Co nas obchodzi ten promien swiatla?

Podrozujac niby w czasie z jednego punktu pokrzywionej przestrzeni do drugiego postepujemy nastepujaco. Wysylamy promien swiatla jedna droga a sami przemieszczamy sie inna krotsza droga. My przybywamy do drugiego punktu wczesniej niz wyslany przez na spromien swiatla ale to nie znaczy ze przemieszczalismy sie w czasie tylko znaczy ze zle zdefiniowalismy terazniejszosc jako miejsce odlegle o rozchodzacy sie promien swiatla.

Tak mozna rozwazac ze z punktu widzenia promienia swietlnego wydarzenia mialy inna kolejnosc.

Mozna ta teorie przekrecic tak ze nasz eksperyment spowodowal powstanie innej rzeczywistosci rownoleglej do tej pierwszej poniewaz z punktu widzenia swiatla wydarzylo sie cos co nie mialo prawa sie wydarzyc.

Jesli jednak zalozymy ze rzeczywistosc to jest cos co nasze zmysly postrzegaja to wniosek jest tylko taki ze definiowanie czegos co my uwazamy za czas i wiazanie tego z szybkoscia swiatla nie pasuje do naszej rzeczywistosci.

Rozwazmy tych slynnych blizniakow z ktorych jeden zostal na ziemi a drugi wylecial w przestrzen kosmiczna i poruszal sie bardzo szybko. Po powrocie jeden z blizniakow jest starszy, przezyl wiecej zdarzen oraz jego zegarek tyknal wiele razy wiecej.

Wezmy tych samy poczatkowych blizniakow i jednego wlozmy do zamrazalnika aby jego organizm popadl w hibernacje. Po kilkudziesieciu latach mozemy go odmrozic a bedzie on w takim samym stanie jak przed zamrozeniem. Czy powiedzielibysmy wiec ze jeden z blizniakow jest starszy wiec zaszla podroz w czasie? Nie! Powiemy ze jeden z blizniakow zostal poddany takim warunkow w ktorym jego procesy przebiegaly wolniej wiec sie mniej zestarzal,

Podobnie jest z blizniakami gdy jeden podrozuje z duza, bliska predkosci swiatla szybkoscia. To nie jeden z blizniakow przemieszczal sie w czasie tylko jeden zostal poddany takim warunkom ze przezyl wiecej a jego organizm zestarzal sie szybciej.

Patrzac w podobny sposob na teorie wzglednosci mierzymy czas jako ilosc tykniec zegara lub ilosc oddechow czy uderzen serca. Kazdy przemieszczajac sie z inna szybkoscia w przestrzeni moze miec inna ilosc tykniec, oddechow czy czegos tam ale gdy spotykaja sie ponownie to znajduja sie w tej samej rzeczywistosci w tym samym czasie a to ze ktos wiecej przezyl nie znaczy ze przemieszczal sie w czasie.

Moze po prostu mamy zle zdefiniowane pojecie czasu oparte na predkosci swiatla?

Rownolegle wszechswiaty? Oczywiscie ze sa. Majac czas zdefiniowany na predkosci swiatla kazdy z nas zyje w innym rownoleglym swiecie poniewaz znajdujemy sie w innych punktach przestrzeni wiec swiatlo z przeroznych punktow wszechswiata do kazdego z nas dociera w innej kolejnosci czyli przezywamy to samo ale w innej kolejnosci. Jeden punkt najpierw widzi promien docierajacy z gwiazdy A a pozniej z gwiazdy B a drugi punkt widzi najpierw swiatlo docierajace z gwiady B a pozniej gwiazdy A.

Jesli cos takiego jest rownoleglymi wszechswiatami to cieszmy sie odkryciem.

Podrozowanie w czasie tez jest na porzadku dziennym. Ja sam kiedys na rejsie statkiem z Hawajow do Republiki Kiribati przezylem dzien 14 stycznia. Za pare godzin byl 15 stycznia poniewaz Republika Kiribati jest za linia zmiany daty. Kilka godzin pozniej wracajac znowu mialem 14 stycznia czyli przemieszczalem sie w czasie do przodu oraz do tylu.

Zycze wszystkim milych podrozy w czasie!

Podsumowanie.

Gdy czlowiek ma do wyboru dwie mozliwosci:

- Pierwsza

    jemu sie sytuacja poprawi ale innemu
    czlowiekowi poprawi sie znacznie bardziej

- Druga

    jemu sie sytuacja troche pogorszy ale innemu
    czlowiekowi pogroszy sie duzo bardziej

wtedy czlowiek zwykle wybiera ta druga mozliwosc. Sam cierpi
ale cieszy sie z tego ze ktos inny cierpi znacznie bardziej.

Stanislaw Lem opisal kiedys **jednostke przyjemnosci**.

    Jednostka przyjemnosci dla czlowieka jest gdy on majac
    kamyk w bucie maszeruje na odleglosc 1 km , wyjmuje
    kamyk, umieszcza go w bucie kolegi i obserwuje gdy ten
    kolega maszeruje na odleglosc 1 km.

Tego typu zachowania i myslenie czlowieka nie moga byc
naturalne.

W zwiazku z tym mozna z duzym prawdopodobienstwem
stwierdzic ze niektorzy pseudo naukowcy archeolodzy maja
racje twierdzac ze wiele tysiecy lat temu jacys kosmici przybyli
na Ziemie i zaczeli przeprowadzac genetyczne modyfikacje na

ludziach. Eksperyment sie nie udal a my teraz jestesmy tacy jacy jestesmy.

Na tym koncze.

Zycze wszystkim duzo przyjemnosci!

Boleslaw Tabor
napisal ta ksiazke
wykorzystujac
swoje zyciowe
doswiadczenie oraz
troche badan i
poszukiwan.

Wszystko zaczelo
sie od sporej ilosci
emaili wysylanych
do znajomych.
Wiekszosc odnosi
sie do Ameryki wiec
wszystkie mysli
byly po angielsku.
Pozniej angielskie
mysli polaczono w calosc, dodano rozdzialy i tytuly.

W nastepnym kroku wszystko przetlumaczono na jezyk polski.

Byl plan przetlumaczenia na jezyk farncuski ale zabraklo czasu.

Troche grafiki powinno byc uzyte aby zwiekszyc atrakcyjnosc
ksiazki. Z drugiej strony najwazniejsze sa najnudniejsze
rozdzialy. Autor zdecydowal na bardzo ograniczona grafike.
Prosta czarno-biala forma podkresla za zawartosc nie jest zbyt
koloryzowana. Tylul zapowiada cos kontrowersyjnego co w
pierwszej chwili wydaje sie bardzo wykrzywione ale po krotkim
zastanowieniu czytelnicy uznaja ze jest w tym sporo prawdy.